Walther Ziegler

Hegel
in 60 Minuten

Dank an Rudolf Aichner für seine unermüdliche und kritische Redigierung,
Silke Ruthenberg für die feine Grafik, Angela Schumitz, Lydia Pointvogl, Eva Amberger,
Christiane Hüttner, Dr. Martin Engler für das Lektorat
und Dank an Prof. Guntram Knapp, der mich für die Philosophie begeistert hat.

Bibliografische Information der Deutschen Nationalbibliothek:
Die Deutsche Nationalbibliothek verzeichnet diese Publikation in der Deutschen
Nationalbibliografie; detaillierte bibliografische Daten sind im Internet über www.dnb.de
abrufbar.

© 2015 Dr. Walther Ziegler
2. Auflage Juli 2015
Umschlaggestaltung und Grafik des gesamten Buches: Silke Ruthenberg
unter Verwendung von Illustrationen von:
Raphael Bräsecke, Creactive – Atelier für Werbung, Comic & Illustration (Zeichnungen)
© JackF - Fotolia.com (Bilderrahmen)
© Valerie Potapova - Fotolia.com (Bilderrahmen)
© Svetlana Gryankina - Fotolia.com (Sprechblasen)
Herstellung und Verlag:
BoD – Books on Demand, Norderstedt

ISBN 978-3-7347-8128-5

Inhalt

Hegels große Entdeckung

Hegel (1770-1831) ist einer der bedeutendsten Philosophen der Welt. Bereits auf seine Zeitgenossen übte er eine ungeheuere Faszination aus. Intellektuelle aus ganz Europa kamen nach Berlin, um den berühmten Professor zu sehen. Seine Vorlesungen waren legendär, obwohl Hegel äußerlich und sprachlich eher abschreckend wirkte. Er hatte kantige Gesichtszüge, nach unten gezogene Mundwinkel und einen ernsten, geradezu durchbohrenden Blick. Seine Sprache war nicht minder grimmig. Kein anderer Denker schrieb jemals so düster, abstrakt und wortgewaltig.

Dies erzeugte bei seinen Anhängern Bewunderung, bei seinen Gegnern Wut und Empörung. Hegels Zeitgenosse Schopenhauer war erbost über die damals in Mode gekommene, komplizierte Ausdrucksweise der akademischen Philosophen. Er beschimpfte sie als Wortverdreher und Hegel als den schlimmsten von allen: „Jedoch die größte Frechheit im Auftischen baren Unsinns, im Zusammenschmieren sinnleerer, rasender Wortgeflechte, wie man sie bis dahin nur in

Tollhäusern vernommen hatte, trat endlich im Hegel auf [...]." [2] Auch der bekannte amerikanische Kulturphilosoph Durant schreibt über Hegels Bücher: „Sie sind Meisterwerke der Unverständlichkeit [...]." [3]

Hegel hatte also keineswegs nur Freunde. Nach seinem Tod wurde er nicht zuletzt wegen seiner abstrakten und vieldeutigen Sprache höchst unterschiedlich interpretiert. Manche hielten ihn für einen preußischen Staatsphilosophen und Reaktionär, andere für einen visionären Sozialreformer, wieder andere sogar für einen Mystiker. Bis heute wird sein Werk kontrovers diskutiert.

Eines allerdings steht fest: Hegel hat bei aller Abstraktheit seiner Wortwahl eine großartige Entdeckung gemacht; er war der Erste, der die Dimension des „Werdens" in seiner ganzen Tragweite erkannt hat. Man kann ihn als den Charles Darwin der Philosophie bezeichnen.

Denn alles, so Hegel, ist in ständiger Bewegung. Das menschliche Leben hat ebenso Prozesscharakter wie die Natur und die Geschichte. Ein Mensch kommt als Säugling zur Welt, wird zum Kind, zum Jugendlichen und schließlich zum Erwachsenen. Auch die Geschichte der Menschheit schreitet von einfachsten Anfängen immer weiter voran. Eine Epoche folgt der anderen. Neue Staaten entstehen und auch die Gesetze werden immer wieder der neuen Zeit angepasst. Selbst die Gerechtigkeit ist kein zeitlos gültiger Maßstab, sondern in ständiger Veränderung begriffen. Was vormals als gerecht galt, ist heute oft schon Unrecht. Sogar die Wahrheit selbst, also das, was die Menschen für richtig und objektiv halten, ändert sich im Laufe der Geschichte.

So hielt beispielsweise Aristoteles in der Antike die Sklaverei noch für etwas ganz Natürliches und Gerechtes. Er zählte die Sklaven zu den „Ta Onta", zu den Haushaltswaren. Heutzutage ist Sklaverei verboten und wird als Freiheitsberaubung bestraft. Deshalb zieht Hegel die radikale Konsequenz, dass selbst die Wahrheit kein zeitloses Ideal ist, sondern ein lebendiger Prozess.

Alles – wirklich alles – ist in ständiger Bewegung: die Überzeugungen der Menschen, die Moral, die Gerechtigkeit, das Recht, die Gesetze, ja sogar die Kunst, die Musik und die Architektur. Wenn man nach der Wahrheit sucht, so Hegel, darf man keine einzelne Entwicklungsphase für die absolute Wahrheit halten, sondern muss den gesamten Prozess verstehen. Hegel bringt dies in seinem berühmt gewordenen Satz auf den Punkt:

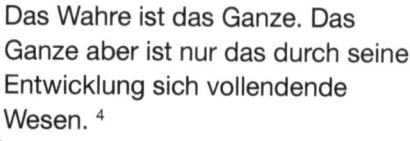

Das Wahre ist das Ganze. Das Ganze aber ist nur das durch seine Entwicklung sich vollendende Wesen. [4]

Wenn wir heute salopp vom sogenannten „Zeitgeist" sprechen, geht dies auf Hegels große Entdeckung zurück, dass jede Zeit einen ganz bestimmten, alles durchdringenden Geist besitzt. Dieser Zeitgeist verändert sich im Laufe der Geschichte und nimmt immer neue Formen an. Er prägt aber für ein bestimmtes Zeitintervall das Denken einer Epoche. So war beispielsweise der Absolutismus mit einem allmächtigen Fürsten an der Spitze des Staates eine solche Geistgestalt. Heute wäre es in Europa wohl der demokratische Pluralismus. Im jeweiligen Leitgedanken der Epoche oder wie Hegel sagt, im Leitprinzip, spiegelt sich das Selbstverständnis und Selbstbewusstsein der Menschen wider. Dabei arbeitet der Weltgeist das jeweilige Prinzip der historischen Stufe in einer Vielzahl von Trends und Erscheinungen aus. Zum Beispiel trugen die Adeligen im Absolutismus in ganz Europa weiße Perücken und Korsagen, gingen in die Oper, hörten Vivaldi, Händel und Mozart, bauten barocke Schlösser mit Spiegelsälen, französischen Gärten und Kaskadenbrunnen. Deshalb kann Hegel sagen:

Der Geist hat das Prinzip der bestimmten Stufe seines Selbstbewusstseins jedes Mal in den *ganzen* Reichtum seiner *Vielseitigkeit* ausgearbeitet und ausgebreitet. Er ist ein reicher Geist, der Geist eines Volkes, eine Organisation – ein *Dom*, der vielfache Gewölbe, Gänge, Säulenreihen, Hallen, Abteilungen hat; [5]

Der Zeitgeist ist, so Hegel, deshalb ein sehr reicher Geist, da er nicht nur die aktuelle Kleidermode, den Trend oder die Möbel, die gerade als schick gelten, umfasst, sondern eben auch die Musik, Malerei, Architektur, die Staatsverfassung und sogar die Philosophie der jeweiligen Zeit. Hegel spricht deshalb hinsichtlich dieser verschiedenen Momentaufnahmen von individuellen Geistgestalten, die von der Menschheit im Laufe der Geschichte hervorgebracht werden:

[...] denn jedes [Moment] ist selbst eine individuelle ganze Gestalt [...]. 6

Die Geistgestalt der Romanik ist beispielsweise eine andere als die der Gotik oder des Barock; und die Geistgestalt des Absolutismus eine andere als die der

Aufklärung. Wenn wir Tempel, Statuen oder Bilder aus früheren Zeiten sehen, können wir diese meist schnell einer bestimmten Epoche zuordnen. Selbst wenn wir keine Kunsthistoriker sind, wissen wir beispielsweise, dass die Akropolis mit ihren Marmorsäulen zur Geistgestalt der griechischen Antike gehört oder eine Kreuzritterburg zur Geistgestalt des mittelalterlich christlichen Feudalismus.

Bis hierhin hört sich Hegels Entdeckung der Dimension des „Werdens" noch ganz einfach und akzeptabel an. Denn wer würde schon bestreiten, dass es in der Geschichte immer so etwas wie einen Zeitgeist beziehungsweise verschiedene Geistgestalten oder Epochen gegeben hat?

Doch damit begnügt sich Hegel nicht. Er hat noch eine zweite folgenschwere Entdeckung gemacht. Die verschiedenen Geistgestalten, so behauptet er, sind nicht willkürlich oder zufällig aneinander gereiht, sondern folgen einem logischen Bewegungsprinzip, der sogenannten Dialektik. Hegel vergleicht die logische Abfolge der Geistgestalten in der Geschichte zunächst mit dem Wachstum einer Pflanze. Denn die Reifephasen der Pflanze sind nicht nur blinde und sinnlose Veränderungen, sondern folgen einem inneren Prinzip und haben ein definiertes Ziel, auch wenn man es nicht gleich erkennt.

Die Pflanze verliert sich nicht in bloße ungemessene Veränderung. [...]. Es ist dem Keim nichts anzusehen. Er hat den Trieb, sich zu entwickeln; [...] Es kommt vielfaches hervor; das ist aber alles im Keime schon enthalten, freilich nicht entwickelt, sondern eingehüllt und ideell. Die Vollendung dieses Heraussetzens tritt ein, es setzt sich ein Ziel. Das höchste Außersichkommen, das vorherbestimmte Ende ist die Frucht [...]. [7]

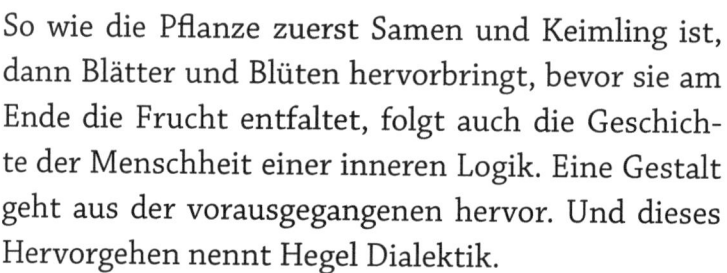

So wie die Pflanze zuerst Samen und Keimling ist, dann Blätter und Blüten hervorbringt, bevor sie am Ende die Frucht entfaltet, folgt auch die Geschichte der Menschheit einer inneren Logik. Eine Gestalt geht aus der vorausgegangenen hervor. Und dieses Hervorgehen nennt Hegel Dialektik.

Allerdings ist die Dialektik kein bloßes Wachstum und harmonisches Entfalten von Kräften, sondern erfolgt in Krisen und Widersprüchen. Der Übergang von einer Lebensphase in eine andere ist nach Hegels Auffassung oftmals dramatisch. So wie das Kind in der Pubertät plötzlich kein Kind mehr sein will, das bevormundet wird, und deshalb erst einmal alles ablehnt und in Frage stellt, was die Erwachsenen ihm vorgeben, kommt es auch in der Weltgeschichte bei einem epochalen Wandel zu Krisen, Konflikten und Widersprüchen. Der Widerspruch, also eine vom Volk oder vom Individuum empfundene Unvereinbarkeit ist dabei für Hegel nichts Schlechtes, sondern im Gegenteil etwas sehr Gewinnbringendes:

[...] nur insofern etwas in sich selbst einen Widerspruch hat, bewegt es sich, hat Trieb und Tätigkeit. [8]

Wenn beispielsweise eine historische Zeit Widersprüche in sich trägt, und viele Menschen mit der Gesellschaft und ihrem eigenen Zustand unzufrieden sind, kommt es zur geistigen und materiellen Auflehnung. Die alte Ordnung gerät ins Wanken und wird durch eine neue Ordnung ersetzt. Nehmen wir als Beispiel die Französische Revolution und damit den Wechsel vom Absolutismus zur Aufklärung.

Aus dem Widerstand gegen den Adel, das Gottesgnadentum, den Feudalismus und die Leibeigenschaft erwuchs nach und nach eine neue Geistgestalt, die Geistgestalt der Aufklärung und des Rationalismus. An die Stelle der mystisch religiösen Idee von der gottgewollten Herrschaft des Königs und dem blauen Blut des Adels trat die rationale Idee der Volksherrschaft und der Gleichheit der Menschen.

Hegel war vor allem in seiner Jugend tief beeindruckt von den radikalen Ideen der Französischen Revolution und spürte, dass die ganze europäische Geschichte durch den Widerspruch der französischen Aufklärer und Revolutionäre in Bewegung gekommen war:

Der ganze Zustand Frankreichs in der damaligen Zeit war ein wüstes Aggregat von Privilegien gegen alle Gedanken und Vernunft überhaupt, [...] ein Reich des Unrechts [...]. Der neue Geist wurde tätig; [...]. Die Veränderung war notwendig gewaltsam, weil die Umgestaltung nicht von der Regierung vorgenommen wurde [...]. Der Gedanke, der Begriff des Rechts machte sich

mit *einem Male* geltend und dagegen konnte das Gerüst des Unrechts keinen Widerstand leisten. [...] Es war dieses somit ein herrlicher Sonnenaufgang. [9]

Hegel feiert den dialektischen Umbruch als herrlichen Sonnenaufgang. Aber nicht nur die großen Revolutionen, auch die kleinen Widersprüche und Umwälzungen bringen die Menschheit jedes Mal ein Stück voran. So löst nach Hegels Auffassung eine Geistgestalt die vorausgehende ab, indem sie sich, der dialektischen Vernunft folgend, über die vorausgehende Form hinaus treibt. Hegel spricht angesichts der Menschheitsgeschichte schwärmerisch von einem ganzen Geisterreich:

Das Geisterreich [...] macht eine Aufeinanderfolge aus, worin einer den anderen ablöste und jeder das Reich der Welt von dem vorhergehenden übernahm. [10]

An seinen Widersprüchen treibt sich der Geist voran. Zuerst gibt es immer eine These, also den Leitgedanken, dann einen Widerspruch oder wie Hegel sagt, eine Antithese, und schließlich eine Synthese, eine neue Geistgestalt, die den Widerspruch der beiden aufhebt. Nach einiger Zeit wird aber diese Synthese selbst wieder zur These und alles beginnt von vorne.

Auch die Wissenschaft, so Hegel, lebt von Thesen, Antithesen und Synthesen. Jahrhundertelang glaubten die Menschen, die Erde sei eine Scheibe, über der die Sterne am Himmel aufgehängt sind. Seeleute hatten sogar Angst über den Rand zu fallen. Dann widersprachen einige Gelehrte und behaupteten, die Erde sei rund. Es kam zur Synthese, dass sie der runde Mittelpunkt des ganzen Universums sei, um den alle Sterne kreisen. Diese Synthese wurde Jahrhunderte lang zur geltenden These, bis Kopernikus erneut widersprach und behauptete, die Erde sei in Wirklichkeit nur am Rande des Universums und kreise selbst um einen anderen Himmelskörper, um die Sonne. Wir verdanken also unser heutiges kosmologisches Selbstbewusstsein, unsere Vernünftigkeit sowie den gesamten geistigen Besitz, der zu uns beziehungsweise zu unserer Welt gehört, nur der Arbeit von These, Antithese und Synthese unserer Vorgänger:

> Der Besitz an selbstbewusster Vernünf-
> tigkeit, welcher uns, der jetzigen Welt
> angehört, ist [...] eine Erbschaft und
> näher das *Resultat* [...] der Arbeit aller
> vorhergegangenen Generationen des
> Menschengeschlechts [...]. [11]

Hegel hat aber nicht nur gewagt, mit der Dialektik von These, Antithese und Synthese das Bewegungsgesetz der Wissenschaft, der Natur und der Weltgeschichte zu formulieren, er ging noch einen entscheidenden Schritt weiter. Er wandte seine große Entdeckung des „Werdens" sogar auf Gott selbst an.

Auch Gott, so Hegel, ist keineswegs immer schon da und hat irgendwann die Welt erschaffen, wie dies in der Bibel steht, sondern er musste sich erst in der langen Arbeit der Weltgeschichte hervorbringen. Gott ist somit genau wie wir Menschen erst in Entstehung begriffen und somit in ständiger Bewegung. Hegel spricht deshalb anstelle von Gott vom sogenannten Weltgeist, um der Dimension des Werdens besser Ausdruck zu verleihen. Dabei ist der Weltgeist bei Hegel nichts anderes als die Summe der verschiedenen Geistgestalten beziehungsweise Epochen, welche die Menschheit in der Weltgeschichte durchlaufen hat und im Augenblick gerade noch durchläuft:

Denn die Weltgeschichte ist die Darstellung des göttlichen, absoluten Prozesses des Geistes in seinen höchsten Gestalten, dieses Stufenganges, wodurch er seine Wahrheit, das Selbstbewusstsein über sich erlangt. [12]

Es gibt also bei Hegel keinen zeitlosen ewigen Gott, der über allem schwebt. Er ist vielmehr mittendrin und ständig in Bewegung. Der Hegelsche Weltgeist entfaltet sich aus einfachsten primitiven Anfängen erst in und durch die einzelnen Menschen in der Weltgeschichte und erlangt so erst sein Selbstbewusstsein:

[...] der allgemeine Geist bleibt nicht stille stehen [...]. Sein Leben ist Tat.[13]

Der furiose und schillernde Kerngedanke von Hegels Philosophie besteht also letztlich darin, dass der göttliche Weltgeist, der denkende Mensch und die Weltgeschichte nur drei verschiedene Perspektiven ein und derselben Bewegung sind, wenn man so will also nur unterschiedliche Betrachtungswinkel von ein und demselben Prozess der dialektischen Vernunftentfaltung.

Wir alle sind nach Hegel eingebunden in eine gigantische Entwicklungsdynamik, die alles in ihren Bann zieht. Der zu sich selbst kommende Weltgeist wächst in und durch die Menschen von Generation zu Generation heran, in dem Maße, wie wir ihn durch unser Denken und Handeln in der Weltgeschichte vorantreiben. Der Mensch vergöttlicht sich, indem er sein Bewusstsein und sein Wissen im Laufe der Zeit immer weiter verfeinert.

Diese neue und radikale Weltsicht Hegels, wonach die dialektische Selbstbewegung der Vernunft sich gleichzeitig in Gott, dem Menschen und der Geschichte ereignet, wirft nun natürlich eine Reihe von Fragen auf: Erstens – worin genau besteht dieses dialektische Bewegungsprinzip, das alles in Bewegung hält und wie funktioniert es konkret? Zweitens: Bestimmt der göttliche Weltgeist oder der Mensch den Lauf der Geschichte? Sind wir bloße Marionetten des Weltgeistes oder doch die eigentlichen Akteure? Und drittens: Wo endet die Geschichte? Werden wir am Ende tatsächlich Gott?

Hegels Kerngedanke

Dialektik – der Motor des Denkens

Die Dialektik ist bei Hegel der eigentliche Motor der gesamten Entwicklung auf der Erde. Wie ein Sturzbach reißt sie alles mit sich fort – das individuelle Bewusstsein des Menschen, die epochalen Ereignisse ganzer Gesellschaften und sogar die Natur als solche. Alles folgt dieser Dynamik von These, Antithese und Synthese.

Beim einzelnen Individuum läuft das folgendermaßen ab. Zuerst hat man eine Meinung, dann eine Gegenmeinung, bis sich daraus etwas Drittes ergibt, das sich als widerspruchsfrei erweist. Doch auch die zunächst widerspruchsfreie Synthese auf der dritten Ebene wird selbst wieder zur These und der Denkprozess beginnt von Neuem.

Der einzelne Mensch, so Hegel, kann gar nicht anders als dialektisch zu denken. Denn seit der Steinzeit lernt er nur anhand von Irrtümern und Widersprüchen dazu und macht so überlebensnotwendige Erfahrun-

gen. Wenn ein Urmensch beispielsweise Fliegenpil-
ze gegessen und sich vor Schmerzen gekrümmt hat,
mussten er und die anderen, die ihn neugierig dabei
beobachteten, aus dieser Erfahrung die Konsequenz
ziehen, keine Pilze mehr zu essen, beziehungsweise
diese vorher erst in kleinen Mengen zu probieren, bis
sie nach und nach gelernt haben, giftige und gesunde
Pilze zu unterscheiden. Die These des Urmenschen
lautete also: Pilze schmecken gut und machen satt.
Die Antithese lautete, Pilze sind giftig und dürfen
auf keinen Fall gegessen werden. Die Synthese ergab:
Man kann zwischen giftigen und essbaren Pilzen unterscheiden und bei sorgfältiger Auswahl einige sehr
wohl genießen. Auch in allen anderen Dingen des
Lebens müssen wir, so Hegel, unser Wissen ständig
erneuern. Unser Leben ist somit ein langer dialektischer Aufhebungsprozess.

Dabei arbeitet unsere Vernunft immer im dialektischen Dreischritt. Egal ob es sich um alltägliche mehr
oder weniger schmerzhafte Erlebnisse handelt, um
große wissenschaftliche Fortschritte oder um per-
sönliche Lebenserfahrungen, immer ist die Dialektik
im Spiel. Das Ergebnis eines dialektischen Denkpro-
zesses ist dabei keineswegs etwas nur Theoretisches,
sondern das, was wir gemeinhin als „Erfahrung" bezeichnen, denn so Hegel:

Diese *dialektische* Bewegung, welche das Bewusstsein an ihm selbst, sowohl an seinem Wissen als an seinem Gegenstande ausübt, *insofern ihm der neue wahre Gegenstand* daraus entspringt, ist eigentlich dasjenige, was *Erfahrung* genannt wird. [14]

Am Beispiel des Pilzessers kann man diesen Satz gut verstehen. Hegel bezeichnet die dialektische Bewegung als Erfahrung. Schließlich bedeutet die Synthese aus dem Erkenntnisprozess, so schmerzhaft das Essen der giftigen Pilze auch gewesen sein mag, am Ende eine wertvolle Erfahrung, die dem künftigen Ernährungsverhalten zu Gute kommt. Auch kann man verstehen, was Hegel damit meint, wenn er in diesem Zitat sagt, dass „das Bewusstsein die dialektische Bewegung an ihm selbst, sowohl an seinem Wissen als auch an seinem Gegenstande ausübt", so lange bis ihm schließlich der „neue wahre Gegenstand daraus entspringt". In unserem Beispiel ist der Pilz der Gegenstand. Der Pilzesser hat Hunger, beurteilt den Fliegenpilz als Nahrung, die den Hunger stillt und sich selbst als Nahrungssuchenden. Nach der schmerzlichen Erfahrung, dass der Gegenstand, also der Pilz, giftig ist, verändert der Pilzesser sowohl sein Wissen vom Gegenstand als auch sein Wissen von sich selbst. Er definiert sich selbst nämlich nicht länger als Lebewesen, das in der Lage ist, alle Pilze zu verdauen, und er definiert die Pilze vorsichtshalber erst einmal pauschal in ihrer Gesamtheit als gefährlich.

Doch diese Antithese, diese neue Wahrheit von sich und vom Gegenstand kommt noch einmal in Bewegung, als er selbst oder andere nach vorsichtigem Probieren kleiner Mengen festgestellt haben, dass nicht alle Pilze Übelkeit und Magenkrämpfe auslösen, sondern nur einige wenige. Daraus entspringt dem Bewusstsein schließlich die dritte Wahrheit über sich selbst und die Pilze, wonach nicht die ganze Gattung, sondern nur einzelne beschreibbare Exemplare giftig und somit für den Verzehr ungeeignet sind.

Die dreifache dialektische Aufhebung

Das Wort „Aufheben" wird von Hegel in einem dreifachen Sinn verwendet. Hat man erst einmal die Vieldeutigkeit dieses schillernden Begriffes erfasst, kann man die eigentümliche Magie der Dialektik nachvollziehen. Aufhebung hat bei Hegel folgende Bedeutungen:

Erstens die Bedeutung im Sinne von beseitigen oder wegräumen. Der dialektische Widerspruch wird aufgehoben, das heißt für Hegel nichts anderes, als dass der Widerspruch zwischen der These und der Antithese in der Synthese beseitigt wird. So wird zum Beispiel der Widerspruch zwischen der These „Ich kann Pilze essen" und der Antithese „Ich kann keine Pilze essen" in der Synthese „Ich kann einige Pilze essen und andere nicht" aufgehoben. Man könnte auch sagen, der Widerspruch zwischen dem angenommen Wissen der Genießbarkeit und dem darauffolgenden Wissen der Ungenießbarkeit ist im Wissen um die teilweise Genießbarkeit verschwunden.

Zweitens bedeutet Aufhebung aber auch aufheben im Sinne von bewahren und konservieren, wie man alte Familienfotos, übrig gebliebenes Essen oder Reisesouvenirs aufbewahrt, denn so Hegel:

> *Aufheben* hat in der Sprache den gedoppelten Sinn, dass es soviel als aufbewahren, *erhalten* bedeutet und zugleich soviel als aufhören lassen, *ein Ende machen*. [15]

Die Bedeutung von „Aufbewahren" kommt in der Dialektik insofern zum Tragen, als das Wissen aus der These und aus der Antithese in der Synthese nicht einfach verschwunden ist, sondern im Gegenteil weiterhin sorgfältig aufbewahrt und gespeichert wird, oder wie Hegel sagt:

> So ist das Aufgehobene ein zugleich Aufbewahrtes, das nur seine Unmittelbarkeit verloren hat, aber darum nicht vernichtet ist. [16]

Auch wenn die Erfahrung von Magenschmerz und
Übelkeit nach einigen Jahren keine unmittelbare Bedeutung mehr hat, weil man gesunde und ungesunde
Pilze unterscheiden kann, ist sie nicht völlig vergessen. Der Pilzesser hat nämlich, selbst wenn er nun
weiß, welche Sorten essbar sind, in diesem Wissen
die schmerzliche Erfahrung der Unbekömmlichkeit
noch aufbewahrt und sucht im Wald sehr genau aus,
welche Pilze er pflückt und welche nicht. Die Erfahrung ihrer Gefährlichkeit bleibt also in der Sorgfalt
der Auswahl aufgehoben, ebenso wie die Erfahrung
des guten Geschmackes der essbaren Pilze.

Drittens bedeutet Aufhebung bei Hegel noch aufheben im Sinne von höher heben, hochheben oder etwas
auf eine höhere Stufe stellen. Denn in der Synthese
wird das Wissen gegenüber der These und der Antithese auf eine höhere Bewusstseinstufe gebracht. Es
hat in gewisser Hinsicht eine höhere Wahrheit, denn
das differenzierte Wissen um die Unterscheidbarkeit
der Pilze hinsichtlich ihrer Bekömmlichkeit hat einen
weitaus höheren Stellenwert als das ursprüngliche
dumpfe Wissen der totalen Essbarkeit beziehungsweise der totalen Ungenießbarkeit. Durch die ständige Aufhebung des Wissens nimmt im dialektischen
Prozess die Vernunfterkenntnis ständig zu. Denn sowohl das Individuum als auch die Gesellschaft ma-

chen Erfahrungen auf immer höheren Stufen. Die Dialektik wirkt im Individuum, in der Weltgeschichte und in der Natur. Hegels Systemphilosophie kann deshalb verstanden werden als der ehrgeizige Versuch, die gesamte Wirklichkeit als einen Selbstentfaltungsprozess der dialektischen Vernunft zu verstehen. Dabei folgt die Vernunft stets ihren eigenen Erfahrungen und treibt sich an ihren Widersprüchen voran:

[...] der Widerspruch [...] ist die Wurzel aller Bewegung und Lebendigkeit; nur insofern etwas in sich selbst einen Widerspruch hat, bewegt es sich, hat Trieb und Tätigkeit. [17]

Es sei ein ganz großer Fehler der traditionellen Logik, so Hegel, die Kraft des Widerspruchs zu unterschätzen.

Die Logik des Werdens

In der klassischen philosophischen Logik gilt der Satz von der Identität: A = A. Dieser Satz führt aber laut Hegel zu einem toten und schematischen Denken, da man nur noch darauf achtet, ob ein Gegenstand mit der ihm zugeordneten Kategorie übereinstimmt oder nicht. Wenn A = A ist, bedeutet dies logischerweise, dass nicht gleichzeitig A ≠ A sein kann. Hierin stimmt selbstverständlich auch Hegel zu, allerdings fordert er eine entscheidende Modifikation dieses Gedankens. Wenn A = A ist, so Hegel, dann kann zwar nicht gleichzeitig A ≠ A sein, aber es kann es sehr wohl w e r d e n und auf das Werden kommt es Hegel an.

Wasser ist zum Beispiel flüssig, aber es kann sehr wohl irgendwann fest oder dampfförmig werden, wenn es nämlich zu Temperaturveränderungen kommt. Das Wissen A = A, in diesem Fall Wasser = flüssig, kann also in der lebendigen Erfahrung zu A ≠ A werden und aus dem Widerspruch ein neues Wissen erwachsen.

Deshalb fordert uns Hegel in seinem Buch „Wissenschaft der Logik" eindringlich auf, uns vom statischen Denken der alten Logik und dem Satz der Identität

ein Stück weit zu befreien und den Widerspruch als
das bedeutendere Element anzuerkennen:

> Es ist aber eines der Grundvorurteile
> der bisherigen Logik und des ge-
> wöhnlichen Vorstellens, als ob der
> Widerspruch nicht eine so wesenhaf-
> te und immanente Bestimmung sei
> als die Identität. [18]

Wenn man schon eine solch künstliche Rangord-
nung aufmachen will, so Hegel, dann muss man
den Widerspruch für eine tiefere und wesenhaftere
Bestimmung halten als die Identität, denn erst der
Widerspruch bringt Bewegung in das menschliche
Denken:

[...] ja, wenn von Rangordnung die Rede und beide Bestimmungen als getrennte festzuhalten wären, so wäre der Widerspruch für das Tiefere und Wesenhaftere zu nehmen. Denn die Identität [...] ist nur die Bestimmung des einfachen Unmittelbaren, des toten Seins; er aber ist die Wurzel aller Bewegung und Lebendigkeit; [...] [19]

Die Bestimmung eines Gegenstandes mit dem Satz der Identität, also A = A bleibt somit bei der abstrakten und leblosen Feststellung oder Nichtfeststellung einer Übereinstimmung stehen.

Hegel hingegen betont immer wieder, dass die Negation, also eine Ungleichheit oder ein Widerspruch, weiterführend ist, insofern es sich beim Widerspruch nicht nur um eine abstrakte Nicht-Übereinstimmung handelt, sondern um eine konkrete Abweichung, also einen mit Eigenschaften behafteten Widerspruch. Und dieser konkrete und bestimmte Widerspruch führt nicht dazu, dass die These in ihrer Gesamtheit auf einmal null und nichtig ist, sondern nur dazu, dass Teile der These als falsch erkannt werden, und darin liegt der Ausgangspunkt für den weiteren Fortgang der Wissenschaft:

> Das Einzige, *um den wissenschaftlichen Fortgang zu gewinnen* [...] ist die Erkenntnis des logischen Satzes, dass [...] das sich Widersprechende sich nicht in Null, in das abstrakte Nichts auflöst, sondern wesentlich nur in die Negation seines *besonderen* Inhalts [...].[20]

Wenn ich beispielsweise den Widerspruch habe, dass ich einen bestimmten Pilz gegessen habe, der genießbar war, obwohl ich zuvor viele Pilze gegessen habe, die giftig waren, so ist die Erfahrung des essbaren Pilzes keine abstrakte Negation der ersten Erfahrung, dass Pilze ungenießbar sein können, sondern lediglich die bestimmte Negation, dass eben speziell dieser eine Pilz essbar war. Das Resultat dieser bestimmten Negation bringt auch ein ebenso be-

stimmtes und höheres Wissen über Pilze hervor oder
wie Hegel sagt:

Indem das Resultierende, die Negation, *bestimmte* Negation ist, hat sie einen *Inhalt*. Sie ist ein neuer Begriff, aber der höhere reichere Begriff als der vorhergehende; [...] [21]

Die bestimmte Negation, also der konkrete Widerspruch sorgt somit für die Dimension des Werdens. Die Denkbewegung des menschlichen Geistes und damit die Entfaltung der Vernunft ist nach Hegels Auffassung ein rauschhaftes Taumeln von einer Seite zur anderen, von einer Perspektive zur entgegengesetzten, von der These zur Antithese, wobei sich im Denkprozess keines der beiden Glieder dem rauschhaften Sog des Fortgangs entziehen kann:

Das Wahre ist so der bacchantische Taumel, an dem kein Glied nicht trunken ist; [...]. [22]

Trotz der Trunkenheit seiner Glieder braucht keinesfalls befürchtet zu werden, dass der Denkprozess aus
dem Gleichgewicht kommt oder gar stolpert. Denn
die Spannung zwischen den lustvoll taumelnden
Gliedern von These und Antithese, die sich scheinbar unkontrolliert in verschiedene Richtungen ab-
sondern, wird durch die ständige Synthese bei jedem
Schritt unmittelbar aufgehoben, so dass die beiden
Glieder zwar die extremen Pole der Wahrheit ausschöpfen können und ausschöpfen sollen, aber in
ihrer Aufhebung ebenso wieder dem einfachen und
ruhigen Fortgang des Denkens dienen:

Das Wahre ist so der bacchantische Taumel, an dem kein Glied nicht trunken ist [...],
und weil jedes, indem es sich absondert,
ebenso unmittelbar sich auflöst, ist er ebenso die durchsichtige und einfache Ruhe. [23]

Was für ein wunderbares Bild, mit dem Hegel uns
hier die dialektische Denkbewegung erklärt. Er vergleicht die Wahrheit tatsächlich mit Bacchus, dem
antiken Gott des Weines und des Rausches, der
lustvoll taumelnd, aber doch entspannt und ruhig,
seinen Weg geht. Hierzu sei angemerkt, dass Hegel
während seiner Studienzeit des Öfteren verwarnt
wurde, weil er dem Wein und dem Kartenspiel allzu
gerne zusprach.

Das menschliche Bewusstsein erweitert also sein
Wissen durch den bacchantischen Taumel immer
neuer Thesen, Antithesen und Synthesen. Aber nicht
nur das individuelle Bewusstsein treibt sich solchermaßen an seinen Widersprüchen voran. Auch die
Geschichte folgt dieser Dialektik, wie uns Hegel an
seinem berühmt gewordenen Beispiel von „Herr und
Knecht" aufzeigt.

Die Dialektik von Herr und Knecht

In seinem bekanntesten und wirkungsgeschichtlich bedeutendsten Werk, der „Phänomenologie des Geistes", beschreibt Hegel die Entwicklung des Bewusstseins von seinen Ursprüngen bis heute. Hegel zwingt darin seine Leser auf sechshundert Seiten noch einmal die Entfaltung des Denkens von seinen einfachsten Anfängen bis zum absoluten Wissen Schritt für Schritt nachzuvollziehen, indem er die vielen Epochen und Geistgestalten der Reihe nach vorstellt und zeigt, wie eine aus der anderen hervorging. Von seinen Lesern verlangt er deshalb gleich im Vorwort die entsprechende Geduld und Ausdauer mitzubringen:

[...] weil sogar der Weltgeist die Geduld gehabt, diese Formen in der langen Ausdehnung der Zeit zu durchgehen und die ungeheure Arbeit der Weltgeschichte [...] zu übernehmen, und weil er durch keine geringere das Bewusstsein über sich erreichen konnte, so kann [...] der Sache nach das Individuum nicht mit weniger seine Substanz begreifen; [24]

Im ersten Kapitel der „Phänomenologie des Geistes"
beschreibt Hegel den Übergang von der animalischen
Wahrnehmung zur menschlichen, denn zunächst
gibt es noch gar kein Selbstbewusstsein, sondern nur
die sinnliche Gewissheit. Leben ist, so Hegel, wesentlich Begierde. Die Begierde des Bewusstseins richtet
sich zuerst aber nur auf Gegenstände, etwa die Gegenstände des Verzehrs. Das Tier bleibt mit seinem
Bewusstsein auf dieser Stufe stehen. Es erhält zwar
durch seine Begierde im Auffressen oder Verdauen
von Nahrung ein Selbstgefühl, aber noch kein Selbstbewusstsein.

Zum Selbstbewusstsein kommt es erst, wenn sich
die Begierde eines Lebewesens nicht mehr nur auf
Gegenstände richtet, sondern auf die Begierde eines
anderen Lebewesens. So hat beispielsweise die Liebe
ihr Wesen darin, dass sich die Begierde nicht mehr
nur auf den gegenständlichen Körper des Geliebten
richtet, sondern auf die Begierde des jeweils anderen. Der Mann, der eine Frau begehrt, findet seine
Befriedigung nicht nur in dem schönen Körper der
Frau, sondern hauptsächlich darin, dass sie ihn auch
begehrt. Das bedeutet: das, was der Liebende sucht,
ist das Geliebtwerden durch den anderen. Das erhe-
bende Gefühl der Liebe kommt genau daher, dass
sich die beiden verliebten Selbstbewusstseine gegen-

seitig mit den Augen der Liebenden sehen und sich solchermaßen uneingeschränkt in ihrem Selbstbewusstsein bestätigen. Hegel kommt zu dem Schluss:

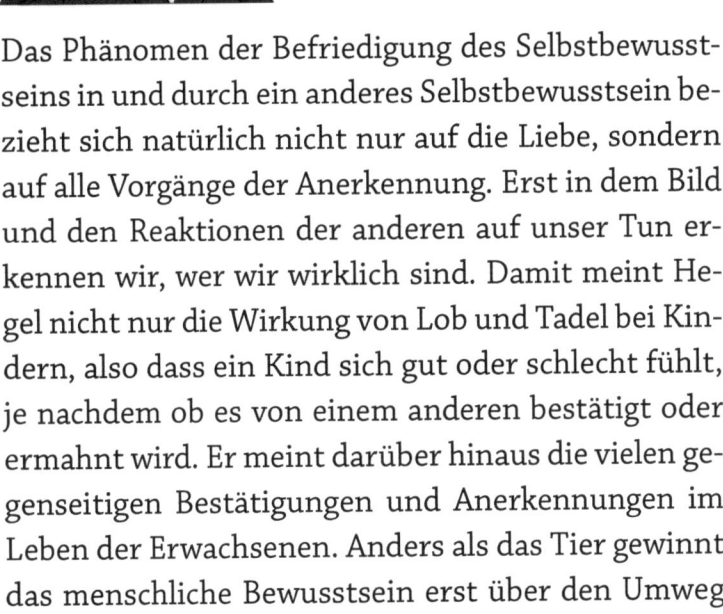

Das Selbstbewusstsein erreicht seine Befriedigung nur in einem anderen Selbstbewusstsein. [25]

Das Phänomen der Befriedigung des Selbstbewusstseins in und durch ein anderes Selbstbewusstsein bezieht sich natürlich nicht nur auf die Liebe, sondern auf alle Vorgänge der Anerkennung. Erst in dem Bild und den Reaktionen der anderen auf unser Tun erkennen wir, wer wir wirklich sind. Damit meint Hegel nicht nur die Wirkung von Lob und Tadel bei Kindern, also dass ein Kind sich gut oder schlecht fühlt, je nachdem ob es von einem anderen bestätigt oder ermahnt wird. Er meint darüber hinaus die vielen gegenseitigen Bestätigungen und Anerkennungen im Leben der Erwachsenen. Anders als das Tier gewinnt das menschliche Bewusstsein erst über den Umweg der Anerkennung durch den Anderen sein Selbstbewusstsein. Wenn sich also zwei Menschen begegnen, wird ihnen das, was sie sind, erst durch die Fremdwahrnehmung des anderen Bewusstseins gespiegelt und durch dessen Beurteilung hindurch vermittelt.

> Jedes [Bewusstsein] ist dem Anderen die Mitte, durch welche jedes sich mit sich selbst vermittelt und zusammenschließt [...]. [26]

Aber auch nachdem das menschliche Selbstbewusstsein solchermaßen erwacht war, kam die Dialektik nicht zur Ruhe. Das Selbstbewusstsein befand sich nämlich bereits bei seiner Entstehung in einem Widerspruch. Es wollte einerseits die Anerkennung durch ein anderes Selbstbewusstsein, befand sich aber noch keineswegs auf der dafür notwendigen gesellschaftlichen Stufe. Es gab nämlich anfangs noch eine große Ungleichheit unter den Menschen, die vom Bewusstsein erst überwunden werden musste. Hegel verdeutlicht dies an der berühmten Dialektik von Herr und Knecht.

Das Selbstbewusstsein des Herrn, also beispielsweise des römischen Bürgers oder des mittelalterlichen Adeligen, war größer als das des Knechtes. Der Herr empfand sich gegenüber dem Knecht, wie Hegel sagt, als das „selbständige und wesentliche Bewusstsein". Der Knecht erfuhr sich gegenüber dem Herrn nur als das abhängige und unwesentliche Bewusstsein. Zwar erkannte der Knecht den Herrn voll und ganz als selbständiges Bewusstsein an, da er dessen Zorn fürchtete, doch diese Anerkennung galt dem Herrn nichts, da sie erzwungen war, oder wie Hegel sagt:

Es ist dadurch ein einseitiges und ungleiches Anerkennen entstanden. [27]

Da aber beide das Bedürfnis hatten, anerkannt zu werden, erlebten sie ihre Ungleichheit als Widerspruch. An diesem Punkt schildert uns Hegel nun auf brillante Weise, wie sich der Widerspruch der ungleichen Anerkennung für das Bewusstsein dialektisch auflöste. Am Ausgangspunkt des Prozesses empfindet der Knecht sein Dasein noch als unselbständig und unwesentlich im Hinblick auf das selbständige und für sich seiende Wesen des Herrn, dessen Anweisungen er ausführt.

Zunächst ist für die Knechtschaft der Herr das Wesen; also das *selbständige für sich seiende Bewusstsein* [...]. [28]

Der Knecht definiert sich nur über die Rolle, dem Herrn zu dienen, für diesen da zu sein. Er versorgt den Herrn, arbeitet, bewirtschaftet die Felder und Äcker. Er stellt Werkzeuge her, benützt und verbessert sie. Er erntet, kocht und serviert am Ende dem Herrn sogar das Essen. Durch seine Arbeit sichert er das Überleben des Herrn und nebenbei auch noch sein eigenes. Das Bewusstsein des Knechtes wird aber durch seine zunehmende Geschicklichkeit immer selbständiger, oder wie Hegel sagt:

> Durch die Arbeit kommt es [...]
> zu sich selbst. [29]

Das kommt dadurch zu Stande, dass der Knecht in der Arbeit Tag für Tag etwas herstellen muss und immer wieder sein fertiges Werk vor Augen hat. Im Bearbeiten, Umformen oder Verzieren der Gegenstände setzt das Bewusstsein, so Hegel, eine gedachte Form aus sich heraus in die Gegenstände hinein, weshalb es sich dann in diesen als es selbst wiedererkennen kann. Bei Hegel klingt das so:

> Die Form wird dadurch, dass sie *hinausgesetzt* wird, ihm [dem Bewusstsein] nicht ein Anderes als es; denn eben sie ist sein reines Fürsichsein, das ihm darin zur Wahrheit wird. Es wird also durch dies Wiederfinden seiner durch sich selbst *eigener* Sinn, gerade in der Arbeit, worin es nur *fremder Sinn* zu sein schien.[30]

Gerade in der fremdbestimmten Arbeit wird der Knecht also selbstbewusst. Obwohl die Arbeit ihm ursprünglich vom Herrn als fremder Lebenssinn aufgezwungen wurde, findet er am Ende gerade darin seinen eigenen Sinn. In der Arbeit erkennt der Knecht sich selbst. Wenn er beispielsweise ein neues Feld bestellt, die Bäume gefällt, die Steine herausgelesen, die Erde umgegraben hat und erstmals das blühende Kornfeld betrachtet, weiß er, was er getan hat. Er freut sich an seinem Werk und erkennt sich darin wieder, ebenso wie der Sattler in seinem kunstvoll angefertigten Sattel, der Wagenbauer in einer gut gebauten Kutsche oder der Schmied in seinem gut geschmiedeten Schwert. Hegel schlussfolgert:

[...] das arbeitende Bewusstsein kommt also hierdurch zur Anschauung des selbstständigen Seins als *seiner selbst*.[31]

Um so mehr der arbeitende Knecht seine eigenen Werke vor Augen hat und erkennt, was er alles zu leisten in der Lage ist, wird er sich seiner Geschicklichkeit und Stärke bewusst. Gleichzeitig verliert der Herr immer mehr von seiner Selbständigkeit und ist zunehmend auf die Arbeit und die Tüchtigkeit des Knechts angewiesen. Nach einiger Zeit erkennt sich der Herr als abhängig vom Knecht, der sowohl ihn als auch sich selbst mit seiner Arbeit ernährt. Das herrische Bewusstsein löst sich solchermaßen von selbst auf, da es, wie Hegel sagt, in der Begierde des Verzehrs keine Selbstbestätigung mehr finden kann. Der Herr empfängt nämlich sein Essen und die Gegenstände des Gebrauchs, zum Beispiel seine Möbel, bereits fertig bearbeitet, oder wie Hegel sagt, „er genießt sie rein". Und so kommt es in einem dialektischen Umschlag zu einer Verkehrung des Verhältnisses von Herr und Knecht und schließlich zur Aufhebung der einseitigen Anerkennung in der gegenseitigen Anerkennung.

Sie anerkennen sich als gegenseitig sich anerkennend. [32]

Das Kapitel „Herr und Knecht" ist zweifellos eines der folgenreichsten Kapitel, das je von einem Philosophen geschrieben wurde. Es inspirierte nämlich Marx und Engels dazu, ihre materialistische Dialektik des Klassenkampfes zu entwickeln, wonach in der Geschichte die jeweils herrschende Klasse, also die Herren, die geknechtete Klasse als ihre eigene Negation hervorbringen und schließlich von dieser abgelöst werden.

Nach Marx und Engels sind Sklavenhaltergesellschaft, Feudalgesellschaft, bürgerliche Gesellschaft, sozialistische und kommunistische Gesellschaft allesamt Herrschaftsformen, die sich aufgrund ihrer jeweiligen materiellen Widersprüche mit dialektischer Notwendigkeit im Verlauf der Geschichte der Reihe nach ablösen. Der herrschende Adel beispielsweise betrieb gemäß seiner Tradition aus Gründen der Ehre keinen Handel, kein Gewerbe, keine Manufakturen und keine Fabriken, hatte aber die alleinige politische Macht. Er ließ Bauern, Händler, Gewerbetreibende und Fabrikanten für sich arbeiten und besteuerte sie.

Solchermaßen erzeugte der Adel aber eine neue selbstbewusste, von Marx und Engels „Bourgeoisie" genannte Klasse, die ökonomisch immer geschickter, wohlhabender und erfolgreicher wurde und schließlich den Adel auch als herrschende politische Klasse ablöste. Aber auch die Bourgeoisie als Negation des Adels erzeugte wieder eine neue unterdrückte Klasse, das sogenannte Proletariat, das als „Negation der Negation" schließlich die Bourgoisie ablöst. Erst mit der kommunistischen Revolution kommt es zu einer Aufhebung aller Widersprüche in der eigentumslosen Gesellschaft und somit zum Ende der uns bekannten Geschichte.

Diese eigenwillige Deutung von Hegels Dialektik war insofern folgenreich, als hundert Jahre später ein Drittel der gesamten Menschheit tatsächlich in kommunistischen Gesellschaften lebte. Marx hat Hegel, wie er selbst sagte, vom Kopf auf die Füße gestellt. Er machte aus der Geistphilosophie Hegels eine Philosophie der materiellen Wirklichkeit. Während Marx und Engels solchermaßen das Umschlagen des geknechteten Bewusstseins in ein selbstbestimmtes Bewusstsein als Klassenkampf interpretierten, muss der dialektische Umschlag bei Hegel primär als logische, also geistige Aufhebung verstanden werden.

Hegels Kapitel über Herr und Knecht und die entsprechende Entfaltung des Selbstbewusstseins wird in der Regel als Eintritt in das moderne aufgeklärte Bewusstsein interpretiert, in der sich das Bewusstsein des einen mit dem Bewusstsein des anderen identifiziert. Das menschliche Selbstbewusstsein macht nämlich, so Hegel, am Ende seiner Entwicklung die Erfahrung, dass es nur in der Einheit mit dem jeweils anderen Selbstbewusstsein in vollkommener Freiheit und Selbständigkeit leben kann, als Ich, das Wir und als Wir, das Ich ist:

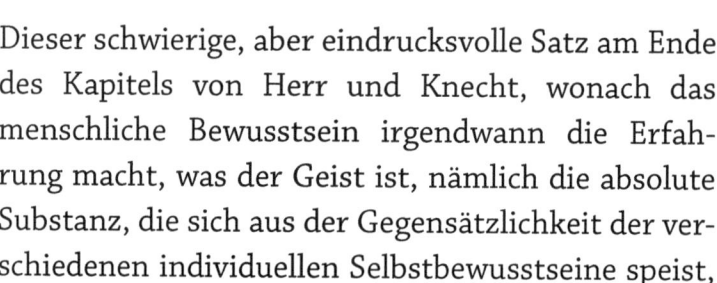

Was für das Bewusstsein weiter wird, ist die Erfahrung, was der Geist ist, diese absolute Substanz, welche in der vollkommenen Freiheit und Selbständigkeit ihres Gegensatzes, nämlich verschiedener für sich seiender Selbstbewusstseine, die Einheit derselben ist; *Ich*, das *Wir*, und Wir, das *Ich* ist. [33]

Dieser schwierige, aber eindrucksvolle Satz am Ende des Kapitels von Herr und Knecht, wonach das menschliche Bewusstsein irgendwann die Erfahrung macht, was der Geist ist, nämlich die absolute Substanz, die sich aus der Gegensätzlichkeit der verschiedenen individuellen Selbstbewusstseine speist, gleichwohl deren Einheit verwirklicht, kann ganz einfach verstanden werden als die Erfahrung des Individuums von dem, was eine funktionierende Gesellschaft letztendlich ausmacht. Also die Erfahrung, dass der Geist einer Gesellschaft oder eines Staates die umfassende Einheit aller Individuen darstellt, in dem alle Gegensätze miteinander versöhnt werden, indem das gegenseitige Anerkennen sichergestellt wird. Das Selbstbewusstsein tritt mit der Erfahrung der gegenseitigen Anerkennung im absoluten Wissen, wie Hegel euphorisch sagt, „in den geistigen Tag der Gegenwart" ein. Sie gipfelt in der Rechtsgleichheit aller Menschen.

Nachdem die Menschen sich Jahrtausende lang juristisch nach zweierlei Maß beurteilt haben, der jeweils Mächtigere der Richter über den Geknechteten war und einer des anderen Untertan, ist es im Gefolge der dialektischen Bewegung des Selbstbewusstseins üblich geworden, dass jeder Bürger den anderen Bürger als gleichberechtigt anerkennt, sich mit ihm identifiziert und ihm die gleiche Menschenwürde und den gleichen Rechtsanspruch zugesteht wie sich selbst. Die dialektische Aufhebung von Herrschaft und Knechtschaft in der gegenseitigen Anerkennung kann somit als der erste Schritt zur Geistgestalt der modernen Rechtsgleichheit verstanden werden.

Die dialektische Bewegung der Weltgeschichte

So wie sich das einzelne Bewusstsein an seinen Widersprüchen vorantreibt, schreitet auch die Weltgeschichte voran. Die individuelle Entfaltung des Bewusstseins, die Weltgeschichte und der göttliche Weltgeist sind im Grunde nur verschiedene Momentaufnahmen ein und derselben dialektischen Entfaltung der Vernunft. Und diese Entfaltung der Vernunft kennt keinen Stillstand. Der Weltgeist dreht unermüdlich das Rad der Geschichte, auch wenn es Kulturen wie die chinesische gibt, die scheinbar eine Zeit lang davon unberührt bleiben:

[...] der allgemeine Geist bleibt nicht stille stehen [...]. Bei einer einzelnen Nation mag es wohl der Fall sein, dass ihre Bildung, Kunst, Wissenschaft, ihr geistiges Vermögen überhaupt statarisch wird, wie dies etwa bei den Chinesen z.B. der Fall zu sein scheint, die vor zweitausend Jahren in allem so weit mögen gewesen sein als jetzt. Der Geist der Welt aber versinkt nicht in diese gleichgültige *Ruhe*. [...] *Sein Leben* ist *Tat*. [34]

Und selbst China wurde, wie wir ja inzwischen wissen, etwa hundert Jahre nach Hegels Tod, von der Dynamik und den Umwälzungen der Weltgeschichte erfasst und zu einem modernen Industriestaat.

[...] die *Geschichte*, ist das *wissende,* sich *vermittelnde* Werden – der an die Zeit entäußerte Geist [...] Dies Werden stellt eine träge Bewegung und Aufeinanderfolge von Geistern dar, eine Galerie von Bildern, deren jedes, mit dem vollständigen Reichtume des Geistes ausgestattet, eben darum sich so träge bewegt, weil das Selbst diesen ganzen Reichtum seiner Substanz zu durchdringen und zu verdauen hat. [35]

Die Abfolge der Epochen wird von Hegel deshalb als träge bezeichnet, weil es einer ungeheuren Anstrengung des Weltgeistes bedurfte, den vollständigen Reichtum seiner Substanz, also alle Völker, Nationen, Kunstwerke, Bauten, Musikstücke in den jeweiligen Epochen mit all ihren Produkten hervorzubringen, zu formen und dann in neuen Epochen

weiterzuentwickeln. Diese Anstrengung des Weltgeistes ist für Hegel aber nicht der Kraftakt eines
Gottes, der irgendwo thront und die Geschichte von
außen bewegt. Es handelt sich vielmehr nur um die
Selbstbewegung der dialektischen Vernunft, die sich
im Bewusstsein der einzelnen Menschen an ihren
Widersprüchen vorantreibt. Dass Hegel überhaupt
von einem Weltgeist spricht, hängt damit zusam-
men, dass die Geschichte in ihrer vielgestaltigen Bewegung einen übergeordneten Sinn zu erfüllen hat
und einem letzten Zweck dient:

> Dieser Endzweck ist das, worauf in
> der Weltgeschichte hingearbeitet
> worden, dem alle Opfer auf dem Al-
> tar der Erde und in dem Verlauf der
> langen Zeit dargebracht worden. [36]

Hegel wirft hier die spannende Frage nach dem Endzweck der Weltgeschichte auf. Seine Antwort ist ver-
blüffend einfach. Der Endzweck, auf den von Epoche
zu Epoche hingearbeitet wird, ist die Freiheit:

Die Weltgeschichte ist der Fortschritt im Bewusstsein der Freiheit – ein Fortschritt, den wir in seiner Notwendigkeit zu erkennen haben. [37]

Es geht also in der ganzen Entfaltung der Menschheitsgeschichte, angefangen bei den wilden Horden und Stämmen über die Herausbildung von Völkern, Kulturen, Städten und Nationen letztlich um die Idee der Freiheit. Und diese Entfaltung der Idee der Freiheit im Bewusstsein der Menschen zieht sich, so Hegel, wie ein roter Faden durch die gesamte Weltgeschichte. In den frühen orientalischen Hochkulturen nahm sie ihren archaischen Ausgangspunkt:

Die Orientalen wissen es noch nicht, dass der Geist oder der Mensch als solcher an sich frei ist; weil sie es nicht wissen, sind sie es nicht; sie wissen nur, dass *Einer* frei ist [...]. [38]

Bei den Orientalen war also nur ein einziger frei, der Herrscher, und dieser war in der Regel ein Despot. Der Gedanke der Freiheit war noch nicht als solcher entwickelt und noch nicht Gegenstand des Bewusstseins. Erst bei den Griechen keimt der Wunsch nach wirklicher Freiheit auf:

In den Griechen ist erst das Bewusstsein der Freiheit aufgegangen, und darum sind sie frei gewesen; aber sie, wie auch die Römer, wussten nur, dass einige frei sind, nicht der Mensch als solcher. Das wussten selbst Platon und Aristoteles nicht. [39]

So waren in den griechischen Stadtstaaten zwar die Bürger frei und durften die Regierung wählen, doch gab es gleichzeitig eine große Zahl von unfreien und rechtlosen Sklaven. Deshalb waren, wie Hegel sagt, nur „einige" frei. Die modernen europäischen Nationen kamen dann – nach jahrhundertelangen Kriegen und Kämpfen – im Christentum endlich zu dem fortschrittlichen Bewusstsein, dass der Mensch als solcher frei ist, oder wie Hegel begeistert formuliert:

[...] die Freiheit des Geistes seine eigenste Natur ausmacht. [40]

Hegel sieht also den Sinn der Geschichte in der zunehmenden Entfaltung der Freiheit. Nicht nur die Selbstbefreiung der Knechte in der Phase der Dialektik von Herr und Knecht, sondern die ganze Geschichte steuert Schritt für Schritt auf diesen Endpunkt zu. Allerdings versteht Hegel unter Freiheit keinesfalls die grenzenlose Befriedigung der Wünsche, Triebe und Bedürfnisse des einzelnen Bürgers oder Individuums, sondern die Verwirklichung in begrenztem Umfang in und durch den Staat. Denn laut Hegel kann nur der Staat mit Gesetzen, Richtern und einer guten Rechtsprechung seinen Bürgern ein freies und selbstbestimmtes Leben ermöglichen und sie vor Willkür schützen. In seinem Werk die „Philosophie des Rechts" beschreibt er, warum der Staat so wichtig ist: Ohne den Staat würde die Erkenntnis, dass die Menschen prinzipiell nicht zur Sklaverei bestimmt sind, nur eine idealistische Forderung bleiben, also ein bloßes „Sollen":

> [...] dass dies, dass der Mensch an und für sich nicht zur Sklaverei bestimmt sei, nicht wieder als *bloßes Sollen* aufgefasst werde, dies findet allein in der Erkenntnis statt, dass die Idee der Freiheit wahrhaft nur als *der Staat* ist. [41]

Die Idee der Freiheit wird also wahrhaft nur im Staat verwirklicht. Als Beispiel für die Unfreiheit im staatenlosen Zustand führt Hegel die wirre Zeit unmittelbar nach der französischen Revolution an. Frankreich versank im Chaos. Es kam zu Willkür, Terrorherrschaft und Übergriffen marodierender Banden. Erst als Napoleon die staatliche Ordnung wiederhergestellt und mit seiner Einführung des Bürgerlichen Gesetzbuches die allgemeine Rechtssicherheit geschaffen hatte, konnten die Bürger sich wieder frei bewegen und entfalten. Deshalb schwärmt Hegel geradezu vom Staat als Verkörperung der Freiheit:

Der Staat ist die Wirklichkeit der konkreten Freiheit; [...] [42]

Weil aber der Staat für die Aufrechterhaltung von Moral und Sitte sorgt, kann man ihn, so Hegel, selbst als ein eigenes Subjekt verstehen, als eine Art lebendigen sittlichen Organismus:

Der Staat ist die Wirklichkeit der sittlichen Idee [...]. Der Staat ist [...] das an und für sich *Vernünftige*. [43]

Und als sittliche und vernünftige Instanz darf der Staat die Freiheit eines Bürgers beschneiden, diesen wegen Gesetzesübertretungen verurteilen, ihn sogar ins Gefängnis sperren, um damit die Sittlichkeit und die Freiheit für alle anderen Bürger zu garantieren.

Hegels Charakterisierung des Staates als der Verkörperung von Vernunft und Sittlichkeit klingt im konkreten Fall der Verbrechensbekämpfung plausibel, hat aber einen gravierenden Nachteil. Wann und wo auch immer es zu einem Konflikt zwischen einem Bürger und dem Staat kommt, hat bei Hegel prinzipiell der Staat recht, egal um was es geht, denn der Staat erzeugt ja erst die Sittlichkeit, auf deren Grundlage der Bürger seine moralische Orientierung gewinnen kann.

Ein Widerstandsrecht gegen den Staat, wie es der englische Philosoph John Locke bereits formuliert hatte, gab es bei Hegel nicht. Auch hielt er nicht viel von der Demokratie, wie sie Rousseau bereits fünfzig Jahre vor ihm forderte. Hegel meinte, das Volk sei noch nicht in der Lage, die über das Eigeninteresse hinausgehenden Ziele des Staates zu erkennen und dafür die geeigneten Vertreter zu wählen. Er hielt deshalb die damalige preußische Verfassung mit ihren zwei repräsentativen Ständevertretungen und der erblichen Monarchie für die bestmögliche Staatsform. In ihr komme die Weltgeschichte zu ihrer höchsten Geistgestalt. Denn der Fortschritt im Bewusstsein der Freiheit würde, so Hegel, im aufgeklärten preußischen Verfassungsstaat gipfeln. Ihm wird deshalb oft vorgeworfen, dass er seine jugendlichen Sympathien mit den viel weitergehenden Ideen der französischen Aufklärer wegen seiner Stellung als preußischer Staatsphilosoph verraten habe. Der Philosoph Popper sieht das ebenso. In seinem Buch „Die offene Gesellschaft und ihre Feinde" bezichtigt er Hegel, mit dem sittlichen Vorrang des Staates vor dem Individuum dem späteren Totalitarismus das Wort geredet zu haben. Doch diese Kritik geht zweifellos zu weit, da Hegel die sittliche Aufgabe des Staates sehr genau definierte – und zwar in einem liberalen Sinne. Die preußische Verfassung würde den Bürgern endlich das zugestehen, was sich in der jahrhundertelangen Arbeit der Weltgeschichte in der Aufhebung der Widersprüche herauskristallisiert hätte. Die gegenseitige Anerkennung und Geltung des Menschen als freies Selbstbewusstsein mit gleichem Rechtsanspruch:

> Der Mensch *gilt so, weil er Mensch ist,* nicht weil er Jude, Katholik, Protestant, Deutscher, Italiener usf. ist. [44]

Gott als sich entfaltender Weltgeist

Das Absolute, also Gott, ist bei Hegel nicht wie im Christentum ein immer schon vorhandener ewiger und allmächtiger Gott, der die Menschen nach dem Tod für ihre Taten richtet. Erst in und durch die Menschen wächst er zu dem heran, was er am Ende ist. Deshalb macht auch seine demütige Anbetung keinen Sinn. Zwischen Ihm und uns ist, so Hegel, kein himmelweiter Abstand. Das Absolute ist und will jederzeit bei uns sein. Und weil das Absolute in der dialektischen Bewegung des Bewusstseins und der Weltgeschichte in jeder Sekunde bei uns ist, waren für Hegel die Zeremonien der katholischen Kirche unvernünftig und geradezu lächerlich. So machte er sich als Protestant über die rituelle Feier des Abendmahls bei den Katholiken lustig. Der Weltgeist hätte viel bessere Möglichkeiten, als dass er darauf angewiesen sei, über das Essen von Hostien in den menschlichen Geist hineinzuspringen. Es sei ein Unsinn, so Hegel,

> [...] dass die Hostie, dies Ding, als Gott angebetet werden soll. [45]

Hegel spottete deshalb in seiner Vorlesung, dass diese Vorstellung, wonach der Heiland in der Hostie konzentriert sei, für die Katholiken eine gefährliche Konsequenz habe. Wenn es nämlich einer Maus gelingen würde, im Tabernakel eine Hostie anzuknabbern, müssten die Gläubigen konsequenterweise auch das Kothäufchen der Maus als ihren Heiland anbeten. Dies drang an die Öffentlichkeit und die Kirche reagierte mit größter Empörung. Obwohl seine Studenten ihn verteidigten, musste Hegel sich offiziell entschuldigen und seine Äußerung zurücknehmen.

Die katholische Kirche lehnte generell Hegels Gottesbegriff ab. Ein Weltgeist, der sich in der Natur, im Menschen und in der Weltgeschichte entfaltet, sei heidnischer Pantheismus. Pantheismus heißt, dass Gott zersplittert in allem Vorhandenen, also beispielsweise in jedem Grashalm wirkt. Die Ablehnung der katholischen Kirche hat Hegel hingenommen. Um die Anerkennung der protestantischen Kirche hat er sich hingegen viele Jahre lang bemüht, letztlich jedoch vergeblich.

Der Hostienstreit zeigt, wie weit Hegels Vorstellung vom Absoluten bereits vom klassisch christlichen Gottesbegriff entfernt war. Gott, Mensch und Geschichte sind für ihn nicht drei verschiedene Dinge, sondern ein und dieselbe Kraft, die Kraft der dialektischen Selbstbewegung des Geistes. Deshalb kommt Hegel in seiner Religionsphilosophie zu dem Kardinalsatz, dass der Mensch nur von Gott wissen kann, insofern Gott im menschlichen Denken und Tun präsent ist und darin von sich selbst etwas erfährt, dass also das Selbstbewusstsein Gottes letztlich dasselbe ist, wie das Selbstbewusstsein des Menschen und umgekehrt:

[...] der Mensch weiß nur von Gott, insofern Gott im Menschen von sich selbst weiß; dies Wissen ist Selbstbewusstsein Gottes, aber ebenso [...] Wissen des Menschen von Gott; [...] [46]

Erst durch den Fortschritt in der Geschichte und das jahrtausendelange Bemühen der Menschheit kommt Gott zu sich und kann die ursprüngliche Entfremdung aufheben:

Das Wahre ist das Ganze. Das Ganze aber ist nur das durch seine Entwicklung sich vollendende Wesen. Es ist vom Absoluten zu sagen, dass es wesentlich *Resultat*, dass es erst am *Ende* das ist, was es in Wahrheit ist; [...] [47]

Der Weltgeist, also Gott, verwirklicht sich in den Geistgestalten der Weltgeschichte. Selbst die Vorgänge in der Natur sind Ausdruck des werdenden Weltgeistes. Worin besteht dann aber die Rolle des einzelnen Menschen? Kann er sich mit seinem freien Willen auch gegen den Weltgeist stellen? Kann er mit seinen Taten die Geschichte verändern? Hegels Antwort ist zunächst ernüchternd:

Die Einsicht nun, zu der [...] die Philosophie führen soll, ist, dass die wirkliche Welt ist, wie sie sein soll, dass das wahrhafte Gute, die allgemeine göttliche Vernunft auch die Macht ist, sich selbst zu vollbringen. [...] Gott regiert die Welt; der Inhalt seiner Regierung, die Vollführung seines Plans ist die Weltgeschichte. [48]

Wenn Gott die Welt regiert und die Weltgeschichte nur die Vollführung seines Planes ist, was haben dann die einzelnen Menschen überhaupt noch zu entscheiden? Wie lässt sich die individuelle dialektische Vernunft mit der Vorsehung des Weltgeistes vereinbaren? Und wie kann es überhaupt einen Plan des Weltgeistes geben, wenn doch seit jeher Politiker Entscheidungen treffen und Eroberer wie Cäsar oder Napoleon zweifellos den Lauf der Welt verändert haben?

Die List der Vernunft

Hegel kannte natürlich den Einfluss von großen Persönlichkeiten auf die Geschichte und wollte diese Einflussnahme auch nicht leugnen. Er spricht sogar von sogenannten „welthistorischen Individuen". Und diese handeln tatsächlich eher praktisch und tagespolitisch, ohne die' große Idee des Weltgeistes zu kennen. Dennoch dienen sie indirekt auch dem großen Ganzen:

Solche Individuen hatten in ihren Zwecken nicht das Bewusstsein der Idee überhaupt, sondern sie waren praktische und politische Menschen. [...] sie vollbringen ihr Interesse, aber es wird noch ein Ferneres damit zu Stande gebracht [...] das nicht in ihrem Bewusstsein und ihrer Absicht lag. [49]

Solche Individuen, wie zum Beispiel Alexander der Große, Cäsar oder Napoleon verfolgten oft eigene Interessen und hatten weder das Bewusstsein der

Idee überhaupt, noch den Überblick über den Verlauf der Geschichte. Dennoch haben sie ihre Epoche
geprägt und die Geschichte vorangebracht, indem sie
Einsicht hatten in das, was im Augenblick gerade zu
tun war:

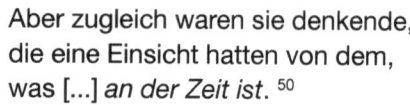

Aber zugleich waren sie denkende,
die eine Einsicht hatten von dem,
was [...] *an der Zeit ist.* [50]

Napoleon habe beispielsweise genau das in der Geschichte verwirklicht, was an der Zeit war und vom
Weltgeist gewollt wurde. So war es laut Hegel über-
fällig, dass in Frankreich endlich der dekadente Hof-
staat samt König entmachtet wurde. Auch war es
nach Jahrhunderten des Feudalismus und der einseitigen Rechtsprechung durch die Lehnsherren an der
Zeit, dass Napoleon mit der Einführung einer Verfassung und des Bürgerlichen Gesetzbuches endlich
die Idee der Rechtsgleichheit in ganz Europa umge-
setzt hatte. Hegel selbst hat übrigens Napoleon an
seinem Studierzimmer in Jena vorbeireiten sehen,

als er gerade an den letzten Seiten der „Phänomenologie des Geistes" schrieb. Begeistert notierte er in
seinem Tagebuch:

Den Kaiser – diese Weltseele
– sah ich durch die Stadt zum
Rekognostizieren hinausreiten. [51]

Für Hegel war Napoleon also eine Weltseele, ein Voll-
bringer des Weltgeistes. Napoleon selbst wollte zwar
primär seine eigene Macht erweitern, seinen Ruhm
mehren und sein Kaisertum festigen. Was aber nach
seiner Verbannung nach St. Helena von ihm übrig
geblieben ist, war die dialektisch überfällige Erneu-
erung Europas hinsichtlich der Rechtsgleichheit seiner Bürger. Napoleon war somit, wie Hegel sagt, ein
„Geschäftsführer" beziehungsweise ein „Werkzeug
des Weltgeistes". Obwohl er selbst vielleicht nur seinem Ehrgeiz und seinen Leidenschaften folgte, dien-
te er doch der Entfaltung der Vernunft und damit
dem Weltgeist:

Das ist *die List der Vernunft* zu nennen, dass sie die Leidenschaften für sich wirken lässt [...]. [52]

Der Weltgeist bedient sich also einer List. Er lässt die Menschen frei entscheiden, benützt aber ihre Leidenschaften und Taten für die Entfaltung der Vernunft in der jeweiligen Epoche. Dabei hat jede Stufe der Entwicklung ihre Berechtigung und Wahrheit. Selbst das dunkle Mittelalter mit seinem Aberglauben und seinen Hexenverbrennungen ist in diesem Sinne eine notwendig erscheinende Geistgestalt und hatte eine Zeit lang ihre Wahrheit.

Darüber habe ich gleich von Anfang an mich erklärt [...] dass die Vernunft die Welt regiert und so auch die Weltgeschichte regiert hat. [53]

Da der Weltgeist durch seine dialektische Selbstbewegung die Entfaltung der Vernunft von Epoche zu Epoche vorantreibt, muss auch jede Epoche für sich gesehen vernünftig sein. Hegel macht in diesem Zusammenhang eine provokative Feststellung:

Was vernünftig ist, das ist wirklich; und was wirklich ist, das ist vernünftig. [54]

Hierfür wurde er sowohl von einigen Zeitgenossen als auch von späteren Philosophen heftig kritisiert, da man mit diesem Satz jedes Unrecht auf der Welt rechtfertigen könne. Indem nämlich alles, was passiert, egal wie schlecht es auch sei, als vernünftig bezeichnet werden muss, verliere man jeden Maßstab für Kritik. Tatsächlich betrachtet Hegel auch Staaten, die noch diktatorisch geführt werden, als notwendige Stationen der Vernunft auf dem langen Weg ihrer Selbstentfaltung:

Jedes Volk hat [...] die Verfassung, die ihm angemessen ist und für dasselbe gehört. [55]

Allerdings heißt das im hegelschen Sinne nicht, dass Diktaturen als schlechte und rückständige Staatsverfassungen prinzipiell hinzunehmen wären. Gerade die dialektische Bewegung des Bewusstseins kann, wenn ihre Zeit gekommen ist, zu jedem Unrecht in Negation gehen und dieses aufheben. Allerdings gibt es bei der historischen Ablösung einer Geistgestalt durch eine neue auch Konflikte. Die Weltgeschichte kann dabei in ihrem Voranschreiten auf persönliches Glück keine Rücksicht nehmen:

Die Weltgeschichte ist nicht der Boden des Glücks. Die Perioden des Glücks sind leere Blätter in ihr; denn sie sind die Perioden der Zusammenstimmung, des fehlenden Gegensatzes. [56]

Da sich die Weltgeschichte an ihren Gegensätzen vorantreibt, sind die Phasen der Widersprüche und Konflikte länger als die Phasen der Harmonie und Konsolidierung. Das einzelne Individuum hat die Aufgabe, die Zeichen der Zeit zu erkennen und am notwendigen Fortschritt des Bewusstseins der Freiheit mitzuwirken. Auch wenn der Einzelne vielleicht das Endziel der Geschichte und damit das Wirken des Weltgeistes nicht immer durchschaut, weiß er doch, was zu tun ist. Er weiß es deshalb, weil er nicht im luftleeren Raum entscheidet, sondern als Kind seiner Zeit sich zu dieser Zeit in Beziehung setzen kann und muss.

Das Endziel der Geschichte

Wo endet die Geschichte? Gibt es ein Ziel, auf das wir zusteuern? Hegels Antwort ist kurz und klar. Es gibt ein Ziel und dieses Ziel können wir nicht verfehlen, denn es stellt sich mit Notwendigkeit ein:

Das *Ziel* aber ist dem Wissen ebenso notwendig als die Reihe des Fortganges gesteckt; es ist da, wo es nicht mehr über sich selbst hinauszugehen nötig hat, wo es sich selbst findet [...]. [57]

Unser Wissen, das von Epoche zu Epoche heranwächst, macht ganz am Ende seiner langen dialektischen Bewegung von der primitiven sinnlichen Gewissheit bis zum modernen Selbstbewusstsein eine letzte wichtige Erfahrung. Es erkennt sich zuletzt als die dialektische Bewegung des absoluten Geistes, die es von Anfang an war. Das Wissen, wie Hegel sagt, hat es nun nicht mehr nötig, über sich selbst hinauszugehen. Es ist an seinem Ziel angekommen. Es kann sich nicht mehr über sich selbst erhöhen und weitertreiben, da es keine Widersprüche mehr gibt. Es ist nun der sich selbst wissende Geist, der mit sich im Reinen ist:

[...] das absolute Wissen, oder der sich als Geist wissende Geist [...]. [58]

Die Geistgestalten lösen sich immer weiter ab, bis es am Ende zur totalen Entfaltung des Weltgeistes und gleichzeitig zur totalen Entfaltung des individuellen Denkens kommt – und zwar in einer fulminanten letzten Aufhebung und Versöhnung aller Widersprüche im absoluten Wissen oder, wie Hegel sagt, im absoluten Begriff:

> Das Geisterreich, das auf diese Weise sich in dem Dasein gebildet, macht eine Aufeinanderfolge aus, worin einer den anderen ablöste und jeder das Reich der Welt von dem Vorhergehenden übernahm. Ihr Ziel ist die Offenbarung der Tiefe, und diese ist der *absolute Begriff;* [...]. [59]

Was bedeutet das aber konkret für den einzelnen Menschen? Im absoluten Begriff beziehungsweise im absoluten Wissen kommt es bei Hegel zu einer dreifachen Versöhnung: Erstens der Versöhnung des Individuums mit der Gesellschaft. Empfand der Mensch seine Mitmenschen in der Steinzeit noch als fremdartig und etwas außerhalb seiner selbst Seiendes, identifiziert er sich nun mit ihnen. Er weiß, dass er sich selbst nur durch die anderen erkennen kann und deren Freiheit die eigene bedeutet. Das Bewusstsein hat in der Weltgeschichte nämlich die Erfahrung gemacht, dass es zwar selbständig und frei ist, dies aber nur auf Dauer sein kann, wenn es durch ein anderes freies und selbständiges Bewusstsein als solches anerkannt wird. Es erkennt sich als:

Ich, das Wir, und Wir, das Ich ist. [60]

Während am Anfang der Geschichte noch jeder gegen jeden gekämpft hat, der Mensch dem Menschen ein Wolf war, oder ein barbarischer Stamm den anderen bekriegt hat, sind wir am Ende der Geschichte mit allen Anderen versöhnt. Das einzelne Individuum weiß sich selbst als Teil des Ganzen, als Gattung. Der reine Begriff der Anerkennung wird realisiert. Die Menschen anerkennen sich als sich gegenseitig anerkennend.

Zweitens versöhnt sich das Individuum am Ende der Geschichte auch mit der Substanz. Unter Substanz versteht Hegel allerdings nicht nur die Natur oder die Materie, sondern beispielsweise auch die Völker, Staaten und Institutionen. Deshalb kann er sagen, dass uns alles, was uns am Anfang der Geschichte so widerständig, wild und fremdartig erschien, am Ende der Geschichte als Teil unserer eigenen dialektischen Selbstbewegung bewusst wird. Der menschliche Geist weiß sich als Subjekt und Substanz zugleich, da er sich als die in die Substanz eingelassene Ausdehnung erkennt. Hegel formuliert das so:

> Dieses sein letzteres Werden, die *Natur*, ist sein lebendiges unmittelbares Werden; sie, der entäußerte Geist ist in ihrem Dasein nichts als [...] die Bewegung, die das *Subjekt* herstellt. [61]

Die Entäußerung des Geistes in die Natur sowie die letzte Erkenntnis im absoluten Wissen, dass die dialektische Denkbewegung als Subjekt auch die Natur bewegt und schon immer bewegt hat, kann mit Einschränkungen so verstanden werden, dass wir uns beispielsweise heutzutage nicht mehr nur im Homo Sapiens wiedererkennen, sondern darüber hinaus in dem gesamten Naturprozess, der uns hervorgebracht hat. Wir erkennen uns als Subjekt und Substanz der Millionen Jahre andauernden Selbstbewegung der Evolution vom Einzeller zum Vielzeller über den Homo Erectus bis zu unserer heutigen Gestalt. Jedes Schulkind weiß heutzutage, dass auch der menschliche Geist ein Naturprodukt ist. Allerdings geht Hegel noch darüber hinaus. Wenn wir nämlich erst einmal die letzte und oberste Stufe des absoluten Wissens erreicht haben, und uns selbst in unserem dialektischen Denken als Motor der Weltgeschichte und des Naturprozesses erkannt haben, wird uns plötzlich klar, dass es außerhalb unseres Denkens gar nichts anderes mehr geben kann und dass es sogar von Anfang an nie etwas außerhalb unseres Denkens gegeben hat:

Hierin ist es begriffen, **dass** das Sein Denken ist; [62]

Hegel kann diesen radikalen Satz sagen, da seiner Auffassung nach das Sein, also die gesamte Wirklichkeit, ohnehin nur über das dialektische Denken in unseren Kopf gelangt. Alles ist nur in unserem Denken wirklich. Denn was wir mit dem Denken, also unserem Bewusstsein nicht erfassen können, existiert auch nicht, zumindest wissen wir nichts von ihm. Deshalb können wir auf der Stufe des absoluten Wissens erkennen, dass alle Wirklichkeit, auch wenn sie uns anfänglich fremd erschien, letztlich nur ein Produkt unseres eigenen Denkens war und wir somit Substanz und Subjekt zugleich sind.

Drittens und letztens versöhnt sich das Individuum mit dem Weltgeist. Gott erschien uns in der Urzeit als etwas Allmächtiges und Furchterregendes, das außerhalb unserer selbst war, so dass wir es angebetet und ihm Opfer gebracht haben. Jetzt wissen wir, dass auch Gott nur die zu sich kommende Bewegung der Weltgeschichte als Fortschritt im Bewusstsein der Freiheit ist und dies immer schon war.

Das Bewusstsein [...] erkennt den Gott in ihm. [63]

Gott schwebt nicht mehr über uns, um uns nach dem Tod zu strafen oder zu erlösen, sondern hat sich in der langen Arbeit der Weltgeschichte in und durch unser menschliches Bewusstsein hervorgebracht. Er ist mit uns gemeinsam diesen Weg gegangen und herangewachsen. Da auch er Substanz und Subjekt zugleich ist, hat er sich am Ende der Geschichte unter anderem in gerechten und vernünftigen Institutionen, wie dem modernen Rechtsstaat verwirklicht.

Deshalb kann Hegel vom Staat als der Verwirklichung des Weltgeistes schwärmen und sagen, dass die Idee des Staates göttlich sei. Auch wenn einzelne konkrete Staaten noch nicht so erscheinen:

Bei der Idee des Staats muss man nicht besondere Staaten vor Augen haben, [...] man muss vielmehr die Idee, diesen wirklichen Gott, für sich betrachten. [64]

Der Staat ist also ein Endpunkt der Dialektik, der wirkliche Gott oder wie Hegel auch sagt:

[...] die vollständige Realisierung des Geistes im Dasein. [65]

Aber nicht nur die geschichtliche und politische Entwicklung kommt, so Hegel, in seinem eigenen Zeitalter, dem aufgeklärten Absolutismus, zu seinem krönenden Ende, auch die Philosophie habe mit seiner eigenen Position die letztmögliche Geistgestalt erreicht. Dabei, so räumt Hegel bescheiden ein, sei es nicht nur sein eigenes Verdienst, den Schlusspunkt gesetzt zu haben.

Die dialektische Entwicklung selbst habe ihn auf den Thron gehoben, denn seine Geistphilosophie sei die notwendige Aufhebung des letzten und größten Widerspruchs in der langen Geschichte der Philosophie, des Widerspruchs zwischen den Rationalisten und den Empiristen. Jahrhundertelang hätten die Rationalisten und Theologen alles, was es auf der Erde gibt, nur als göttliches Geschenk interpretiert. Auch der Mensch sei mit seinem leiblichen Einschlag nur als Abbild des göttlichen Urbildes verstanden worden. Die Philosophen hätten immer nur versucht, Gott, beziehungsweise das Absolute oder das Himmlische zu erkennen:

> Dieser Forderung entspringt die [...] Bemühung, die Menschen aus der Versunkenheit ins Sinnliche, Gemeine und Einzelne herauszureißen und ihren Blick zu den Sternen aufzurichten [...]. Von allem, was ist, lag die Bedeutung in dem Lichtfaden, durch den es an den Himmel geknüpft war; an ihm, statt in *dieser* Gegenwart zu verweilen, glitt der Blick über sie hinaus zum göttlichen Wesen, zu einer, wenn man so sagen kann, jenseitigen Gegenwart hinauf. [66]

Nachdem die Wissenschaft und die Menschheit endlich erkannt hatten, dass man mit der Wahrheit nicht weiterkommt, wenn man sie in ein Jenseits verlegt, hatte es eine radikale Gegenbewegung gegeben. Der moderne Empirismus, so Hegel, sei die Negation zu allem Himmlischen. Die Empiristen widersprachen der Auffassung, dass man ausgehend vom Gedanken einer letzten göttlichen Einheit die Vorkommnisse auf der Erde erklären könne. An Stelle des Jenseits setzten sie das Diesseits. Einzig und allein die Empirie, also die konkrete Erfahrung, die man in Experimenten wiederholen könne, wäre eine solide Basis für die Gewinnung von Wissen. Jede Erkenntnis, so forderten beispielsweise Bacon und Hume, müsse aus der irdischen Wahrnehmung kommen und an diese gebunden bleiben. Diese rein materialistische, an das Irdische fixierte Sichtweise sei aber, so Hegel, auch wieder eine Verarmung der Wissenschaft gewesen, da sie den Menschen bei seiner Suche nach dem Sinn des Lebens geradezu verdursten habe lasse:

Jetzt scheint die Not des Gegenteils vorhanden, der Sinn so sehr am Irdischen festgewurzelt [...]. Der Geist zeigt sich so arm, dass er sich, wie in der Sandwüste der Wanderer nach einem einfachen Trunk Wassers, nur nach dem dürftigen Gefühle des Göttlichen überhaupt [...] zu sehnen scheint. [67]

Diesen Widerspruch der beiden letzten großen Positionen der Philosophie, wonach die Wahrheit einmal nur im reinen Denken des Absoluten gesucht wird, ein andermal nur in den sichtbaren Gegenständen und Experimenten, meint Hegel in seiner eigenen Philosophie aufgehoben zu haben. Denn die empirischen Erkenntnisse aus den Experimenten der Wissenschaft seien letztlich nichts anderes als die Erfahrungen, die sich aus der dialektischen Selbstbewegung des Weltgeistes ergeben, und somit das werdende absolute Wissen. Das Absolute und die Empirie seien somit versöhnt. Bereits zu Beginn seines philosophischen Schaffens hat sich der junge Hegel große Ziele gesetzt:

Daran mitzuarbeiten, dass die Philosophie der Form der Wissenschaft näher komme – dem Ziele, ihren Namen der *Liebe* zum *Wissen* ablegen zu können und *wirkliches Wissen* zu sein –, ist es, was ich mir vorgesetzt.[68]

Hegel wollte also aus der Philosophie eine Wissenschaft machen und aus der „Liebe zur Wahrheit" das „Wissen der Wahrheit". Tatsächlich hat er in seiner Geistphilosophie den Versuch unternommen, alle philosophischen Fragen final zu beantworten. Am Ende der Geschichte, so Hegel, könnten wir tatsächlich aufhören zu spekulieren und weitere Fragen zu stellen, denn wir wissen jetzt, dass Gott, der Mensch, die Natur und die Geschichte nur Ausdruck ein und derselben Denkbewegung sind, in der wir uns seit jeher befinden und die unser Geist nun als sein eigenes innerstes Wesen erkennt:

[...] aus dem Kelche dieses Geisterreiches schäumt ihm seine Unendlichkeit. [69]

Was nützt uns Hegels Entdeckung heute?

Gibt es Vernunft in der Geschichte oder hat der Weltgeist ausgespielt?

Es klingt für unsere Ohren zunächst etwas befremdlich, dass wir am Ende der Geschichte in einem Feuerwerk der Versöhnung eins werden – mit der Natur, mit Gott, den Mitmenschen und der ganzen Welt. Zu viele Probleme und Konflikte belasten unsere gegenwärtige Epoche, als dass wir Hegels Optimismus teilen könnten.

Tatsächlich wurde seine Idee einer ständigen Vervollkommnung und Entfaltung der Vernunft bereits von seinen Zeitgenossen, etwa von Schopenhauer, spöttisch in Frage gestellt. Erst recht haben dann die Erfahrungen zweier Weltkriege den Glauben der Europäer an die Vernunft erschüttert. So stellte der Philosoph Theodor W. Adorno die provokante Frage: Kann man überhaupt nach Auschwitz noch von einem Fortschritt in der Geschichte sprechen? Schließlich stehen wir vor der Tatsache, dass es trotz des weltbürgerlichen Denkens von Hegel, Kant, Rousseau und Locke, trotz der über zweihundertjährigen Tradition der europäischen Aufklärung noch einmal zu einem solchen Akt der Barbarei gekommen ist. Nationalismus und Rassismus mündeten in zwei Weltkriegen, in denen Engländer, Franzosen, Deutsche, Italiener sowie die Bürger fast aller Nationen der Welt aufeinander schossen. Wie war so etwas möglich? Hatte die dialektische Vernunft versagt? Und – kann man angesichts der massiven Rückschläge in unserer Zivilisationsgeschichte, namentlich der Klimaerwärmung, der atomaren Verseuchung und der kapitalistischen Krise noch von einer Vernunft in der Geschichte sprechen?

Adorno gab 1965 eine klare Antwort: Nein, man kann es nicht. Der vernünftig gestaltende Weltgeist hätte sich, falls es ihn je gegeben hat, spätestens in der Moderne verabschiedet. Die Vernunft als Motor der Geschichte sei im Gefolge der Aufklärung in Unvernunft umgeschlagen. Hegel hätte sich schlichtweg darin getäuscht, dass die Vernunft sich immer mehr entfalten und alles durchdringen würde. „Das Wahre ist das Ganze", hieß es noch bei Hegel. „Das Ganze ist das Falsche", entgegnete Adorno, angesichts der nationalistisch und kapitalistisch kolonialisierten und manipulierten Welt.

Hegel starb 1831 und hat somit weder Holocaust noch Nationalismus und Faschismus miterlebt. Dennoch würde er wohl darauf beharren, dass auch solche Rückschläge, so fürchterlich sie sein mögen, letztlich notwendige Widersprüche auf dem Weg der Vernunftentfaltung sind. Denn selbst Nationalismus, Rassismus und Faschismus, so könnte man mit Hegel argumentieren, waren mit ihren Protagonisten Franco, Mussolini und Hitler nur vorübergehende Geistgestalten, deren dialektische Aufhebung zur Geistgestalt des geeinten Europas führte. Rassismus und Nationalismus mussten gemäß Hegels Vernunftlogik schon deshalb scheitern, weil sie ihren eigenen Widerspruch, also ihre eigene Antithese erzeugen, welche notwendigerweise zu ihrer Selbstaufhebung führt.

Hegel würde sagen, dass Völker oder Nationen, die ihr Selbstbewusstsein über die Negierung und Abwertung des Selbstbewusstseins Anderer beziehen, an dem prinzipiellen Widerspruch scheitern, dass diese Art Bewusstwerdung niemals wechselseitig erfolgen kann. Denn ein Volk, das seine Wahrheit in der Vertreibung, Unterdrückung oder gar Auslöschung anderer Völker sucht, fordert damit den existenziellen Kampf aller heraus und gerade indem es das prinzipielle Existenzrecht von Staaten leugnet, negiert es auch sein eigenes. Es hebt sich somit selbst auf. Die Wahrheit von Nationalismus und Rassismus führt also notwendig zum Konflikt zwischen den Nationen, erweist sich in diesem als unwahr und hebt sich in der Geistgestalt gegenseitiger staatlicher Anerkennung auf.

Diese Aufhebung der nationalistischen und rassistischen Geistgestalt im europäischen Selbstverständnis ist insofern zu einer geschichtlichen Geistgestalt geworden, als es heutzutage undenkbar ist, dass junge Franzosen, Engländer oder Deutsche noch einmal aufeinander schießen. Mit größter Selbstverständlichkeit machen die Jugendlichen Sprachreisen, schulische Austauschprogramme, studieren und jobben in den Nachbarländern, obgleich es beispielsweise noch in der Generation der Urgroßväter die sogenannte deutsch-französische Erbfeindschaft gegeben hat.

Dass diese ein für alle Mal überwunden ist, dass die Europäer heute gegenseitig ihre Freiheit und Unversehrtheit anerkennen, ist ein Indiz dafür, dass Hegel vielleicht doch recht hat, wenn er entgegen Adornos Zwischenruf die Geschichte als vernünftig ansieht – als „Fortschritt im Bewusstsein der Freiheit". Hegel würde wohl auch heute noch an seinem Kerngedanken festhalten:

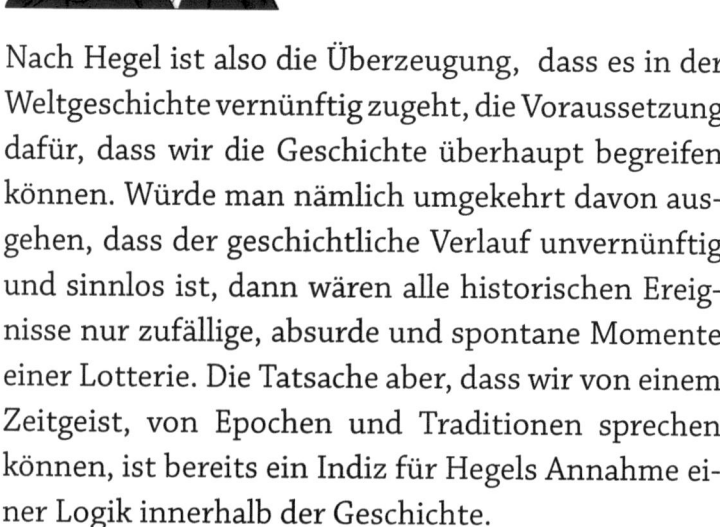

Der einzige Gedanke, den die Philosophie mitbringt, ist aber der ein-
fachste Gedanke der *Vernunft,* dass
die Vernunft die Welt beherrsche,
dass es also auch in der Weltgeschichte vernünftig zugegangen sei.
Diese Überzeugung und Einsicht ist
eine *Voraussetzung* in Ansehung der
Geschichte als solcher überhaupt; [70]

Nach Hegel ist also die Überzeugung, dass es in der
Weltgeschichte vernünftig zugeht, die Voraussetzung
dafür, dass wir die Geschichte überhaupt begreifen
können. Würde man nämlich umgekehrt davon aus-
gehen, dass der geschichtliche Verlauf unvernünftig
und sinnlos ist, dann wären alle historischen Ereignisse nur zufällige, absurde und spontane Momente
einer Lotterie. Die Tatsache aber, dass wir von einem
Zeitgeist, von Epochen und Traditionen sprechen
können, ist bereits ein Indiz für Hegels Annahme einer Logik innerhalb der Geschichte.

Tatsächlich würde heutzutage wohl niemand allen Ernstes behaupten, dass historische Ereignisse rein spontan und zusammenhanglos sind. Insofern ist Hegels These plausibel, dass es in der Geschichte trotz aller Rückschläge einen erkennbaren Fortschritt beziehungsweise eine Vernunftentfaltung gibt. Ob dieser Zusammenhang nun jedes Mal ein dialektischer Dreischritt von These, Antithese und Synthese ist, mag dahingestellt sein, aber seine Entdeckung, dass die Epochen aufeinander aufbauen, ist nach wie vor richtig.

Was nützt uns aber diese Entdeckung? Welche praktischen Konsequenzen kann sie für uns haben? Können wir uns entspannt zurücklehnen und zusehen, wie sich die Vernunft in der Gesellschaft entfaltet?

Dialektisch denken heißt kritisch denken

Hegels Philosophie lässt letztlich nur eine Antwort zu. Wir können und müssen als Individuen auch selbst die Vernunft in der Geschichte befördern. Am eindrucksvollsten kann man das an einem konkreten Beispiel zeigen. Der frühere sowjetische Präsident Michail Gorbatschow hat folgenden kurzen Satz gesagt, der um die ganze Welt ging: „Wer zu spät kommt, den bestraft das Leben".

Wörtlich übersetzte der damalige Star-Dolmetscher Gorbatschows Warnung folgendermaßen: „Ich halte es für wichtig, den Zeitpunkt nicht zu verpassen und keine Chance zu vertun [...]. Wenn wir zurückbleiben, bestraft uns das Leben sofort." In diesem Satz ist das hegelsche Zusammenspiel von individuellem Bewusstsein und Weltgeist auf eindrucksvolle Weise ausgedrückt. Der Satz funktioniert überhaupt nur auf der Basis des Hegelschen Denkens. Denn einerseits kann sich der einzelne Mensch völlig frei entscheiden, was er tun und lassen will, andererseits aber wird er, wenn er nicht rechtzeitig das tut, was die Vernunft erfordert, von den Veränderungen des Lebens und somit vom geschichtlichen Weltgeist überholt und bestraft. Der Satz hätte auch ebenso gut heißen können: „Wer zu spät kommt, den bestraft die Geschichte".

Gorbatschow hat diesen Satz zu Erich Honecker gesagt, dem letzten Staatschef der untergehenden DDR, der damaligen sozialistischen Republik auf dem Boden des geteilten Deutschland. Zu dieser Zeit gab es bereits eine große Unzufriedenheit der Bürger mit den Funktionären und der autoritär regierenden

sozialistischen Einheitspartei. Gorbatschow erkannte, dass die sozialistische Planwirtschaft in der DDR,
aber auch in Russland und anderen Sowjetrepubliken, reformiert werden musste. Mit seinem Programm der „Perestroika", das soviel heißt wie Veränderung, leitete er die Ära der Demokratisierung und
Marktöffnung ein und beendete den jahrzehntelangen Ost-West-Konflikt. Doch Honecker hörte nicht
auf ihn und hielt stur an der sozialistischen Planwirtschaft fest, bis er schließlich vom eigenen Volk
entmachtet und von den geschichtlichen Ereignissen
überholt wurde.

Jetzt kann man die Frage beantworten, ob wir als
einzelne Menschen an der Entfaltung der Vernunft
in der Geschichte mitwirken und den Lauf der Geschichte mitgestalten können. Wir können und müssen es! Michail Gorbatschow beispielsweise hat die
geschichtliche Situation erkannt und vernünftig gehandelt. Er hat unter anderem das Wettrüsten beendet und die Welt vielleicht sogar vor einem Atomkrieg bewahrt. Im Sinne Hegels war er zweifellos eine
welthistorische Persönlichkeit, die gegen den Widerstand seiner eigenen Parteimitglieder und Funktionäre das getan hat, was er für richtig hielt und was,
wie Hegel sagen würde, „notwendig und an der Zeit"
war. So ist der geschichtliche Verlauf sehr wohl von

unserem vernünftigen Engagement abhängig. Auch
die zahlreichen Bürger der DDR, die für ihre Freiheit
auf die Straße gingen, haben durch ihren mutigen
Einsatz den Wandel herbeigeführt. Wenn es aber
am Ende doch die Menschen sind, die die Geschichte
machen, wird dann das Wirken des Weltgeistes nicht
überflüssig?

Der Philosoph Ludwig Feuerbach hat Hegel tatsächlich so interpretiert. Hegel habe den Gottesbegriff
zwar noch verwendet, ihn aber gleichzeitig überflüssig gemacht, indem er sagte, dass das Wissen von
Gott am Ende nichts anderes sei als das Wissen des
Menschen von sich selbst und seinem eigenen Wesen.
Es stellt sich somit die Frage, ob man den Weltgeist
nicht tatsächlich einfach als überflüssiges Gespenst
aus Hegels Philosophie herauskürzen kann.

Nein, man kann es nicht, wie wir am Beispiel von
Erich Honecker sehen können. Der Einfluss des Bewusstseins eines einzelnen Menschen ist begrenzt,
die geschichtliche Vernunft aber nicht. So hatte beispielsweise Honecker trotz des Einsatzes von Polizei,
Armee und Geheimdienst keine Chance, das Rad der
Geschichte aufzuhalten. Er konnte die neue Wahrheit, die bereits durchdringen wollte, nicht mehr
unterdrücken. Der Freiheitsdrang der Bürger war
zu groß und die Zeit reif für einen Wandel. Die Ver-

nunft setzt sich nämlich auch dann in der Geschichte durch, wenn mächtige Menschen sie nicht oder noch nicht erkennen. Oder, wie Hegel sagt:

Wir müssen überzeugt sein, dass das Wahre die Natur hat, durchzudringen, wenn seine Zeit gekommen, [...]. [71]

Die Geschichte hat also im Verhältnis zum einzelnen Individuum und seinen Entscheidungen durchaus ein Eigenleben und eine Eigendynamik. Deshalb spricht Hegel vom Wirken des vernünftigen Weltgeistes, der als hartnäckiger Vernunftanspruch mehr ist als nur die Summe der individuellen Taten und Gedanken auf der Erde. Hitler hat beispielsweise für seine Idee sehr viele Anhänger gefunden. Da das Wahre aber die Natur hat, durchzudringen, und Hitlers Idee kein

Fortschritt im Bewusstsein der Freiheit war, musste sie scheitern. Der Weltgeist als Entfaltung der Vernunft lässt sich nicht durch große Zahlen beeindrucken. Die Idee des tausendjährigen Reiches der arischen Rasse wurde, so könnte man mit Hegel sagen, von der Geschichte und somit vom Weltgeist in nur sechs Jahren widerlegt, wobei die Not und das Elend dieser Verirrung im Bewusstsein der Völker für immer aufgehoben bleibt.

Der Weltgeist ist also letztlich nichts anderes als der hartnäckige Anspruch der Vernunft, durchzudringen, wenn ihre Zeit gekommen ist. Weil die Menschen aber durch ihre Leidenschaften nicht immer diese Zeit erkennen, unterscheidet Hegel noch zwischen dem Weltgeist und dem Geist der einzelnen Individuen, auch wenn beide derselben Dialektik folgen und sich das Individuum am Ende der Geschichte in der Bewegung des Weltgeistes wiedererkennt.

Gerade weil es immer wieder Rückschritte in der Geschichte gibt, ist es unsere Aufgabe, an der Entfaltung der Vernunft mitzuwirken, die Wahrheit zu erkennen oder wie Hegel sagt, das Notwendige zu tun, damit eine neue höhere Geistgestalt die alte überkommene ablöst. Es ist daher für die Menschen wichtig, so Hegel:

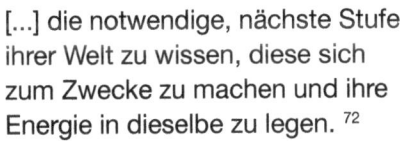

[...] die notwendige, nächste Stufe ihrer Welt zu wissen, diese sich zum Zwecke zu machen und ihre Energie in dieselbe zu legen. [72]

Es bleibt somit die Aufgabe des Individuums, die Zeichen der Zeit zu erkennen, sich nicht mit dem geschichtlich Erreichten zufriedenzugeben, denn so Hegel, das vormals für wahr Geglaubte kann schon wenige Jahre später zu einer bloßen Schattierung der Wahrheit herabsinken. So ist beispielsweise der Eintritt in das Atomzeitalter als Beginn einer neuen Epoche des Wohlstands gefeiert worden. Doch dieses Wissen ist in unserem Bewusstsein durch Kraftwerkskatastrophen und Endlagerprobleme mit dem hochradioaktiven Müll bald wieder zu einer bloßen Schattierung herabgesunken. Durch die Proteste der Bürger formierte sich die Antithese, wonach die Atomenergie die Lebensgrundlage der Gesellschaft eher gefährdet als sichert. Als Synthese aus diesem dialektischen Prozess beginnen nun erste Staaten in Europa und Asien, die Atomenergie durch erneuerbare Energieträger zu ersetzen. Doch auch diese Synthese wird in der dialektischen Bewegung wieder zu einer These. So hat beispielsweise die neue Form der Energieversorgung zu massivem Anbau von Rapsöl für Biosprit geführt und damit eine Nahrungsmittelknappheit verursacht. Dieser Widerspruch verlangt nun wieder nach neuen Lösungen.

Solchermaßen muss sich das Bewusstsein im Hegelschen Sinne immer weiter an seinen Widersprüchen vorantreiben. Was heißt das konkret? Dialektisch denken heißt kritisch denken. Wir müssen immer wieder in Negation gehen und das Bestehende hinterfragen.

Leben bedeutet Veränderung

Nicht nur in großen gesellschaftlichen Wendezeiten, die unseren entschlossenen Widerspruch verlangen, gibt uns Hegel mit der Dialektik ein wichtiges Werkzeug an die Hand, auch im ganz persönlichen Bereich kann die Erkenntnis des „Werdens" eine wichtige Rolle spielen. Leben bedeutet ständige Veränderung. Es liegt im Wesen unserer Natur, dass wir beispielsweise altern und uns neuen Herausforderungen stellen müssen. Ein Kind hat andere Probleme als ein Pubertierender oder Erwachsener. Und nicht nur wir selbst, auch die Welt um uns herum verändert sich rasant. Es liegt aber auch im Wesen unseres dialektischen Denkvermögens, diese Herausforderungen annehmen zu können und neue Wahrheiten zu generieren. Denn das, was wir in einer Lebensphase für absolut vernünftig halten, kann von uns selbst wenige Jahre später als unvernünftig erkannt und durch eine neue Wahrheit ersetzt werden, oder wie Hegel sagt:

Die Wahrheit ist die Bewegung ihrer an ihr selbst; [73]

Die Tatsache, dass wir im Leben hinsichtlich dessen, was wir für wahr halten, immer wieder umdenken müssen, bedeutet nicht, dass man nicht um das Erreichte kämpfen soll. Natürlich will man seinen Lebenspartner nicht verlieren, arbeitslos werden oder auf Liebgewonnenes verzichten. Und natürlich will man nicht, dass die Kinder vermeidbare Fehler machen. Aber wenn es so kommt, dann muss man mit den Veränderungen umgehen. Und an diesem Punkt hilft uns Hegels Geistphilosophie. Er lehrt uns, das Leben als Prozess zu begreifen und unsere jeweilige Wahrheit als das zu sehen, was sie im Augenblick gerade ist, eine Geistgestalt, die uns hilft, die Welt zu verstehen und zu bewältigen, die aber zwangsläufig von Neuem abgelöst werden kann und von Zeit zu Zeit abgelöst werden muss. Diesen Gedanken sollten wir zulassen, und zwar nicht als abstrakte Idee, sondern als konkrete Lebenseinstellung, die wir zur Grundlage unserer Wahrnehmung der Welt und der Mitmenschen machen sollten.

Leben bedeutet auch, die Veränderungen des Alters zu akzeptieren. Es macht keinen Sinn, daran festzuhalten, dass man ewig jung bleibt. Wenn man sich eingesteht, dass viele Dinge ihre Zeit haben, kann man beispielsweise auch mit den eigenen Alterserscheinungen, den zunehmenden kleinen und großen Gebrechen besser umgehen und die Verantwortung leichter an die junge Generation übergeben. Aber auch in jungen Jahren lassen sich Krisen dank der dialektischen Vernunft besser bewältigen, wenn man mit Hegel in Negation zu seinem eigenen unbefriedigenden Zustand geht, diesen Zustand und damit sich selbst verändert und auf eine neue Ebene hebt. Goethe hat Hegel einmal im Gespräch darum gebeten, ihm in ganz einfachen Worten zu erklären, was Dialektik eigentlich sei. Hegel antwortete ihm, sie sei der geregelte, methodisch ausgebildete Widerspruchsgeist, der jedem Menschen innewohnt. Dieser Widerspruchsgeist, der in jedem von uns bereits angelegt ist, muss gelebt werden, denn er eröffnet uns die Chance zur Weiterentwicklung.

Hegel erinnert uns auch daran, dass bei einer Veränderung, sei sie privat oder beruflich, nicht alles verloren ist, was man bisher erreicht oder erlebt hat, denn die alte Wahrheit bleibt, hegelianisch gesehen, in der neuen Wahrheit aufgehoben. Und selbst der Tod, oder wie Hegel sagt, die furchtbarste Unwirklichkeit, kann durch den Verstand dialektisch aufgehoben werden, auch wenn es anstrengend ist, überhaupt an ihn zu denken:

> Der Tod, wenn wir jene Unwirklichkeit so nennen wollen, ist das Furchtbarste, und das Tote festzuhalten, das, was die größte Kraft erfordert. [74]

Wir sind im alltäglichen Leben geneigt, den Tod zu verdrängen, da er eine Zumutung darstellt, die unseren Verstand überfordert. Er passt so überhaupt nicht zu unserem Lebens- und Tatendrang. Doch Hegel empfiehlt uns, gerade hier nicht wegzusehen:

> Aber nicht das Leben, das sich vor dem Tode scheut [...], sondern das ihn erträgt und in ihm sich erhält, ist das Leben des Geistes. [75]

Der menschliche Geist besitzt nämlich die Macht, das Negative des Todes in das lebendige Sein umzukehren:

[...] er ist diese Macht nur, indem er dem Negativen ins Angesicht schaut, bei ihm verweilt. Dieses Verweilen ist die Zauberkraft, die es in das Sein umkehrt. [76]

Indem wir also dem Tod ins Auge sehen und uns die Tatsache des Sterben-Müssens eingestehen, können wir gerade aus der Erkenntnis, dass der Tod unsere persönlichen Lebensmöglichkeiten begrenzt, die Inspiration für ein entschlossenes Leben gewinnen und unsere Zeit nützen. Zudem bleibt unser Bewusstsein – und das ist der Trost Hegels – auch nach unserem leiblichen Tod in der Entfaltung des allgemeinen Geistes aufgehoben. Zwar verspricht uns Hegel kein Weiterleben in einem paradiesischen Jenseits, dafür aber ein diesseitiges Fortbestehen im Weltgeist. Da unser individuelles Dasein nichts anderes ist als die dialektische Selbstentfaltung der Vernunft, nehmen wir auch nach dem Tod an der Vernunftentfaltung des Weltgeistes teil. Unser Engagement für das Le-

ben, unser Bemühen und Wissen geht nicht einfach
verloren, sondern bleibt als lebendiges Erbe in den
Geistgestalten nachfolgender Generationen aufgehoben. Und selbst wenn man kein welthistorisches
Individuum ist, das in die Geschichtsbücher eingeht,
macht man sich mit seinem persönlichen Engagement unsterblich, sei es der Erziehung von Kindern,
der Weitergabe von Wissen oder einfach der Verrich-
tung notwendiger gesellschaftlicher Arbeit.

Hegel für Manager

Die Herzkammer des globalen Kapitalismus ist die
Börse beziehungsweise der Wertpapierhandel. An
allen großen Handelsplätzen dieser Welt stehen jeweils zwei Bronzeplastiken: der Bulle und der Bär.
Während der Bulle das kraftvoll stampfende Voranschreiten der Kurse symbolisiert, steht der Bär
als Antithese für das dickfällige Verharren und den
Rückzug in die Höhle.

Es ist unschwer zu erkennen, dass nicht nur die Kurse, sondern das gesamte Wirtschaftsleben von der ei-
gentümlichen Dialektik konjunktureller Boom- und
Wachstumszeiten sowie darauf folgender Stagnati-
ons- und Rezessionsphasen geprägt sind. Jede Über-

produktion mündet in eine Schrumpfung. So treibt sich die Weltwirtschaft an ihren Widersprüchen voran. Alle wissenschaftlichen und politischen Versuche, dieser Dialektik durch Stabilitäts- und Konjunkturprogramme die Schärfe zu nehmen, haben nur dann eine Chance auf Erfolg, wenn es gelingt, die jeweilige Zeit richtig zu interpretieren.

Darüber hinaus ist es für Manager und Politiker von größter Bedeutung, auf die ständige Veränderung der Märkte mit der Veränderung der Produktpalette zu reagieren oder, noch besser, sie vorwegzunehmen. Große Firmen beschäftigen deshalb kreative Köpfe, deren einzige Aufgabe darin besteht, in Negation zur eigenen Firmenphilosophie zu gehen und sich gegenteilige Strategien und Produkte auszudenken. So hat beispielsweise die Firma Mercedes, im Markenkern bekannt für ihre luxuriösen grauschwarzen PS- und imageträchtigen Limousinen, irgendwann einen bescheidenen, quietschbunten zweisitzigen Kleinwagen mit dem entsprechenden Namen „Smart" auf den Markt gebracht und sich damit eine ganz neue Zielgruppe erschlossen.

Auch der amerikanische Gründer der Funship Kreuzfahrten hat angeblich seine Geschäftsidee generiert, indem er mit einem Bleistift in der Hand im besten Hegelschen Sinne in konkrete Negation gegangen ist.

Auf einem Zettel notierte er zuerst auf einer Seite, was traditionelle Kreuzfahrten im Kern auszeichnet: Exklusivität, reiches Klientel, ältere Herrschaften, steife Abendgarderobe in schwarz-weiß, 7-Gänge-Menü im Casino, exklusiver Service, Champagner, klassische Musikkonzerte, Essen mit dem Kapitän etc. Dann notierte er jeweils dahinter das Gegenteil: für alle zugänglich, mittlere und untere Einkommensschichten, junge Leute, Jeans, bunte Kleidung, Kantine mit Selbstbedienung, Colamixgetränke, Diskos und Poolspaß. Und für diese Idee fand er Investoren.

Heute sind über 30 Spaßschiffe auf den Weltmeeren unterwegs, eine zweistellige Zahl davon sind allein deutsche AIDA-Clubschiffe mit über 700 Millionen Euro Jahresumsatz. Mit Hegel könnte man sagen, es wurde erkannt, was an der Zeit war.

Speziell in der Werbe- und Marketingbranche gehört Hegels Dialektik längst zum kleinen Einmaleins. Hier ist es geradezu Pflicht, die Kunden nicht zu langweilen und immer wieder in Negation zu bestehenden kulturellen Thesen, Standards und Werbeformen zu gehen. So wirbt der Getränkehersteller Red Bull nicht etwa damit, dass sein Getränk Durst löscht, wohlschmeckend, gesund oder bodenständig ist, sondern mit dem glatten Gegenteil: Es ist abenteuerlich, gefährlich und verleiht sogar Flügel. Der dialektischen Phantasie sind keine Grenzen gesetzt.

Mit Hegel über Hegel hinausgehen

Hegels Entdeckung der ständigen Veränderung und der Dimension des „Werdens" war großartig. Seine Analyse der Geschichte als der Entfaltung der Vernunft im Sinne der Verwirklichung der Freiheit war ebenso genial. Allerdings hat Hegel den preußischen Verfassungs- und Rechtsstaat als höchste Entfaltung dieser geschichtlichen Vernunft verstanden und gefeiert. Zudem hielt er auch seine eigene Geistphilosophie für die letzte und daher nicht mehr zu überschreitende Denkfigur.

Heute wissen wir, dass auch der damalige preußische Verfassungsstaat, so tolerant und funktionell er in seiner Zeit auch gewesen sein mag, nur ein sehr bescheidener erster Schritt auf dem Weg zur modernen Demokratie war. Wir wissen auch, dass Hegels Geistphilosophie keinesfalls das Ende der Philosophie überhaupt bedeutete.

In beidem hat sich Hegel gründlich geirrt und sich selbst, bei allem Respekt, doch maßlos überschätzt.

Ist aber deshalb sein Gedanke der ständigen Veränderung tot? Können wir Hegel getrost vergessen?

Fest steht, dass er hinter seine eigene Erkenntnis der permanenten Veränderung zurückgefallen ist. Fest steht aber auch, dass sein philosophischer Kerngedanke gleichwohl Bestand hat. Die Entdeckung der Dimension des „Werdens" bleibt eine ungeheure Bereicherung.

Wenn es etwas Gewinnbringendes gibt, das uns Hegel hinterlassen hat, dann die Aufmerksamkeit und Wachsamkeit für die ständige Veränderung und Weiterentwicklung der Geschichte und des eigenen Lebens. Es bleibt unsere Aufgabe, uns nicht mit der bestehenden Welt abzufinden, sondern in beständige Negation zu gehen und die Entwicklung auf eine höhere Ebene zu bringen. Jede Veränderung birgt immer auch die Chance der Verbesserung. Dies gilt im privaten wie im gesellschaftlichen Feld.

Um Hegels Entdeckung des „Werdens" zu nutzen, müssen wir also mit Hegel über Hegel hinausgehen. Über ihn hinausgehend, sollten wir uns eingestehen, dass die Geschichte weitergeht, mit Hegel gemeinsam daran festhalten, dass jede Epoche ein Mosaikstein des großen Prozesses der Vernunftentfaltung ist:

Die Weltgeschichte ist der Fortschritt im Bewusstsein der Freiheit, – ein Fortschritt, den wir in seiner Notwendigkeit zu erkennen haben. [77]

Für diesen Fortschritt müssen und können wir jederzeit dialektische Phantasie entwickeln. Dialektisch denken heißt kritisch denken. Der deutsche Schriftsteller Berthold Brecht erkannte die enorme Sprengkraft der dialektischen Denkbewegung. In seinem berühmten Gedicht „Lob der Dialektik" ermutigte er die Menschen, gerade in Zeiten von Not und Unterdrückung an die Kraft der dialektischen Veränderung zu glauben:

„Wer noch lebt, sage nicht: niemals!
Das Sichere ist nicht sicher.
So, wie es ist, bleibt es nicht.
Wenn die Herrschenden gesprochen haben,
werden die Beherrschten sprechen [...]

Wer seine Lage erkannt hat,
wie soll der aufzuhalten sein?
Denn die Besiegten von heute
sind die Sieger von morgen,
Und aus Niemals wird: Heute noch!" [78]

Mag Hegel auch der Illusion verfallen sein, dass seine
eigene Zeit bereits die Krönung und der Abschluss
der Vernunftentfaltung gewesen ist, so hat er uns
doch als bleibendes Erbe seine große Entdeckung
des „Werdens" hinterlassen und die Aufforderung,
aktiv an der Entfaltung der Vernunft mitzuwirken,
zur bestehenden Wahrheit in Negation zu gehen und
mit der Kraft des Verstandes unermüdlich das Wahre
vom Widersprüchlichen zu unterscheiden:

Die Tätigkeit des Scheidens ist die Kraft und Arbeit des Verstandes, der verwundersamsten und größten oder vielmehr der absoluten Macht.[79]

Zitatverzeichnis

Alle Hegelzitate (außer Zitat 51) aus: Georg Wilhelm Friedrich Hegel, Werke in 20 Bänden, Suhrkamp Verlag, Frankfurt am Main 1986

1   Zitat, Georg Wilhelm Friedrich Hegel, Grundlinien der Philosophie des Rechts, Suhrkamp Verlag, Frankfurt am Main 1986, Bd. 7, Vorrede, S. 24, in: Hegel, Georg Wilhelm Friedrich, Werke in 20 Bänden, Suhrkamp Verlag, Frankfurt am Main 1986, im Folgenden zitiert als ‚Philosophie des Rechts'

2   Zitat, Arthur Schopenhauer, Die Welt als Wille und Vorstellung I, in: Arthur Schopenhauer, Sämtliche Werke in 7 Bänden, Bd. 2, S. 508, Hrsg. v. Arthur Hübscher nach der von Julius Frauenstädt besorgten Gesamtausgabe, Brockhaus Verlag, Mannheim 1988

3   Zitat, Will Durant. Die großen Denker, Orell Füssli Verlag, Zürich 1958, S. 282

4   Zitat, Georg Wilhelm Friedrich Hegel, Phänomenologie des Geistes, Suhrkamp Verlag, Frankfurt am Main 1986, Bd. 3, Vorrede, S. 24, in: Hegel, Georg Wilhelm Friedrich, Werke in 20 Bänden, Suhrkamp Verlag, Frankfurt am Main 1986, im Folgenden zitiert als ‚Phänomenologie des Geistes'

5   Zitat, Georg Wilhelm Friedrich Hegel, Vorlesungen über die Geschichte der Philosophie III, Suhrkamp Verlag, Frankfurt am Main 1986, Bd. 20, S. 483, in: Hegel, Georg Wilhelm Friedrich, Werke in 20 Bänden, Suhrkamp Verlag, Frankfurt am Main 1986, im Folgenden zitiert als ‚Geschichte der Philosophie III'

6   Zitat, Phänomenologie des Geistes, S. 33

7   Zitat, Georg Wilhelm Friedrich Hegel, Vorlesungen über die Geschichte der Philosophie I, Suhrkamp Verlag, Frankfurt am Main 1986, Bd. 18, S. 41, in: Hegel, Georg Wilhelm Friedrich, Werke in 20 Bänden, Suhrkamp Verlag, Frankfurt am Main 1986, im Folgenden zitiert als ‚Geschichte der Philosophie I'

8   Zitat, Georg Wilhelm Friedrich Hegel, Wissenschaft der Logik II, Suhrkamp Verlag, Frankfurt am Main 1986, Bd. 6, S. 75, in: Hegel, Georg Wilhelm Friedrich, Werke in 20 Bänden, Suhrkamp Verlag, Frankfurt am Main 1986, im Folgenden zitiert als ‚Logik II'

9   Zitat, Georg Wilhelm Friedrich Hegel, Vorlesungen

zur Philosophie der Geschichte, Suhrkamp Verlag, Frankfurt am Main 1986, Bd. 20, S. 528 f. in: Hegel, Georg Wilhelm Friedrich, Werke in 20 Bänden, Suhrkamp Verlag, Frankfurt am Main 1986, im Folgenden zitiert als ‚Philosophie der Geschichte'

10   Zitat, Phänomenologie des Geistes, S.591
11   Zitat, Geschichte der Philosophie I, S. 21
12   Zitat, Philosophie der Geschichte, S. 73
13   Zitat, Geschichte der Philosophie I, S. 22
14   Zitat, Phänomenologie des Geistes, S. 78
15   Zitat, Georg Wilhelm Friedrich Hegel, Wissenschaft der Logik I, Suhrkamp Verlag, Frankfurt am Main 1986, Bd. 5, S. 114, in: Hegel, Georg Wilhelm Friedrich, Werke in 20 Bänden, Suhrkamp Verlag, Frankfurt am Main 1986, im Folgenden zitiert als Logik I'
16   Zitat, Logik II, S. 114
17   Zitat, Logik II, S. 75
18   Zitat, Logik II, S. 75
19   Zitat, Logik II, S. 75
20   Zitat, Logik I, S. 49
21   Zitat, Logik I, S. 49
22   Zitat, Phänomenologie des Geistes, S. 46
23   Zitat, Phänomenologie des Geistes, S. 46
24   Zitat, Phänomenologie des Geistes, S. 33 f.
25   Zitat, Phänomenologie des Geistes, S. 144
26   Zitat, Phänomenologie des Geistes, S. 147
27   Zitat, Phänomenologie des Geistes, S. 152
28   Zitat, Phänomenologie des Geistes, S. 152 f.
29   Zitat, Phänomenologie des Geistes, S. 153
30   Zitat, Phänomenologie des Geistes, S. 154
31   Zitat, Phänomenologie des Geistes, S. 154
32   Zitat, Phänomenologie des Geistes, S. 147
33   Zitat, Phänomenologie des Geistes, S. 145
34   Zitat, Geschichte der Philosophie I, S. 22
35   Zitat, Phänomenologie des Geistes, S. 590
36   Zitat, Philosophie der Geschichte, S. 33
37   Zitat, Philosophie der Geschichte, S. 32
38   Zitat, Philosophie der Geschichte, S. 31
39   Zitat, Philosophie der Geschichte, S. 31
40   Zitat, Philosophie der Geschichte, S. 31

41 Zitat, Philosophie des Rechts, S. 124
42 Zitat, Philosophie des Rechts, S. 406
43 Zitat, Philosophie des Rechts, S. 398 f.
44 Zitat, Philosophie des Rechts, S. 360
45 Zitat, Philosophie der Geschichte, S. 468
46 Zitat, Georg Wilhelm Friedrich Hegel, Vorlesungen über die
   Philosophie der Religion II, Suhrkamp Verlag, Frankfurt am Main
   1986, Bd. 17, S. 480 in: Hegel, Georg Wilhelm Friedrich, Werke in 20
   Bänden, Suhrkamp Verlag, Frankfurt am Main 1986, im Folgenden
   zitiert als ‚Philosophie der Religion II'
47 Zitat, Phänomenologie des Geistes, S. 24
48 Zitat, Philosophie der Geschichte, S. 53
49 Zitat, Philosophie der Geschichte, S. 46 und 42 f.
50 Zitat, Philosophie der Geschichte, S. 46
51 Zitat, Briefe I, S. 120, in: Briefe von und an Hegel,
   Hrsg. von Johannes Hoffmeister, Philosophische Bibliothek,
   Hamburg 1952-1960
52 Zitat, Philosophie der Geschichte, S. 49
53 Zitat, Philosophie der Geschichte, S. 40
54 Zitat, Philosophie des Rechts, S. 24
55 Zitat, Philosophie des Rechts, S. 440
56 Zitat, Philosophie der Geschichte, S. 42
57 Zitat, Phänomenologie des Geistes, S. 74
58 Zitat, Phänomenologie des Geistes, S. 591
59 Zitat, Phänomenologie des Geistes, S. 591
60 Zitat, Phänomenologie des Geistes, S. 145
61 Zitat, Phänomenologie des Geistes, S. 590
62 Zitat, Phänomenologie des Geistes, S. 53
63 Zitat, Phänomenologie des Geistes, S. 551
64 Zitat, Philosophie des Rechts, S. 403
65 Zitat, Philosophie der Geschichte, S. 74
66 Zitat, Phänomenologie des Geistes, S. 16
67 Zitat, Phänomenologie des Geistes, S. 17
68 Zitat, Phänomenologie des Geistes, S. 14
69 Zitat, Phänomenologie des Geistes, S. 591
70 Zitat, Philosophie der Geschichte, S. 20
71 Zitat, Phänomenologie des Geistes, S. 66
72 Zitat, Philosophie der Geschichte, S. 46

73 Zitat, Phänomenologie des Geistes, S. 47
74 Zitat, Phänomenologie des Geistes, S. 36
75 Zitat, Phänomenologie des Geistes, S. 36
76 Zitat, Phänomenologie des Geistes, S. 36
77 Zitat, Philosophie der Geschichte, S. 32
78 Zitat, Bertolt Brecht, Lob der Dialektik, in: Bertolt Brecht,
    Werke in 30 Bänden, Große kommentierte Berliner und Frankfurter
    Ausgabe, Bd. XI, S. 237 f., Aufbauverlag Berlin und Weimar und
    Suhrkamp Verlag, Frankfurt a. Main 1988
79 Zitat, Phänomenologie des Geistes, S. 36

In dieser Reihe erschienen:

Walther Ziegler
Camus in 60 Minuten
2. Auflage: Juli 2015
84 Seiten, Paperback, € 9,99
ISBN 978-3-7347-8170-4

Walther Ziegler
Freud in 60 Minuten
2. Auflage: Juli 2015
96 Seiten, Paperback, € 9,99
ISBN 978-3-7347-8024-0

Walther Ziegler
Hegel in 60 Minuten
2. Auflage: Juli 2015
128 Seiten, Paperback, € 9,99
ISBN 978-3-7347-8128-5

Walther Ziegler
Heidegger in 60 Minuten
2. Auflage: Juli 2015
108 Seiten, Paperback, € 9,99
ISBN 978-3-7347-8169-8

Walther Ziegler
Kant in 60 Minuten
2. Auflage: Juli 2015
144 Seiten, Paperback, € 9,99
ISBN 978-3-7347-8172-8

Walther Ziegler
Marx in 60 Minuten
2. Auflage: Juli 2015
112 Seiten, Paperback, € 9,99
ISBN 978-3-7347-8154-4

Walther Ziegler
Platon in 60 Minuten
2. Auflage: Juli 2015
112 Seiten, Paperback, € 9,99
ISBN 978-3-7347-8158-2

Walther Ziegler
Rousseau in 60 Minuten
2. Auflage: Juli 2015
112 Seiten, Paperback, € 9,99
ISBN 978-3-7347-2555-5

Walther Ziegler
Sartre in 60 Minuten
2. Auflage: Juli 2015
116 Seiten, Paperback, € 9,99
ISBN 978-3-7347-8156-8

Walther Ziegler
Smith in 60 Minuten
2. Auflage: Juli 2015
100 Seiten, Paperback, € 9,99
ISBN 978-3-7347-8157-5

Große Denker in 60 Minuten

Sämtliche Bücher der Reihe sind auch
gebunden als Hardover im gleichen
Verlag erschienen.

Demnächst in dieser Reihe:

Walther Ziegler
Adorno in 60 Minuten

Walther Ziegler
Arendt in 60 Minuten

Walther Ziegler
Bacon in 60 Minuten

Walther Ziegler
Descartes in 60 Minuten

Walther Ziegler
Foucault in 60 Minuten

Walther Ziegler
Habermas in 60 Minuten

Walther Ziegler
Hobbes in 60 Minuten

Walther Ziegler
Nietzsche in 60 Minuten

Walther Ziegler
Popper in 60 Minuten

Walther Ziegler
Rawls in 60 Minuten

Walther Ziegler
Schopenhauer in 60 Minuten

Walther Ziegler
Wittgenstein in 60 Minuten

Der Autor:

Dr. Walther Ziegler hat Philosophie, Geschichte und Politik studiert. Als Auslandskorrespondent, Reporter und Nachrichtenchef des Fernsehsenders ProSieben produzierte er Filme auf allen Kontinenten. Seine Reportagen wurden mehrfach preisgekrönt. Seit 2007 bildet er in München junge TV-Journalisten aus und leitet die Medienakademie auf dem Gelände der Bavaria Film, eine Hochschulbildungseinrichtung für Film- und Fernsehstudiengänge. Er ist zugleich Autor zahlreicher philosophischer Bücher. Als langjährigem Journalisten gelingt es ihm, das komplexe Wissen der großen Philosophen spannend und verständlich darzustellen.